纪念中国证券投资
基金业规范发展 *15* 周年丛书
1998-2013

U0733431

中国基金业发展掠影

ZHONGGUO JIJINYE FAZHAN LÜEYING

1998~2013

中国证券投资基金年鉴编委会◎编

中国金融出版社

责任编辑：石　坚
责任校对：刘　明
责任印制：裴　刚

图书在版编目（CIP）数据

中国基金业发展掠影（Zhongguo Jijinye Fazhan Lüeying）. 1998~2013/中国证券投资基
金年鉴编委会编. —北京：中国金融出版社，2014.3
　ISBN 978 - 7 - 5049 –6223 - 2

　Ⅰ.①中…　Ⅱ.①中…　Ⅲ.①基金业—研究报告—中国—1998~2013　Ⅳ.①F832.51

中国版本图书馆CIP数据核字（2014）第021557号

出版　　**中国金融出版社**
发行

社址　北京市丰台区益泽路2号
市场开发部　　（010）63266347，63805472，63439533（传真）
网上书店　http://www.chinafph.com
　　　　　　（010）63286832，63365686（传真）
读者服务部　（010）66070833，62568380
邮编　100071
经销　新华书店
印刷　天津市银博印刷技术发展有限公司
尺寸　210毫米×285毫米
印张　12
字数　100千
版次　2014年3月第1版
印次　2014年3月第1次印刷
定价　168.00元
ISBN 978-7-5049-6223-2/F. 5783
如出现印装错误本社负责调换　联系电话（010）63263947

纪念中国证券投资基金业
规范发展15周年

证券时报社

中国基金报

香山财富论坛　　　　　　联合策划

中国金融技术研究院

银河证券基金研究中心

中国证券投资基金年鉴

序　言

在中国规范的证券投资基金业发展史上，2013年是一个值得纪念的年份。以1998年3月27日第1只规范的证券投资基金成立为标志，中国证券投资基金业规范发展走过了第15个年头。第一代基金人，把自己最宝贵的青春年华，献给了中国证券市场这一开创性的事业。

作为亲身经历了这一波澜壮阔历史过程的见证者，我和一些基金业的朋友深深感到，自己有责任为这段历史做点什么。我曾经参与嘉实基金公司的筹建并担任过其第一任董事长；我曾经在第二届中国证券业协会秘书长任上，受时任证监会基金部主任李正强先生委托，组建中国证券业协会基金公会，记得当时是范勇宏先生任会长；其后，我又曾受庄心一会长委托，组建证券投资基金业专业委员会并任主任；自2005年起，我还在广发基金公司董事长任上工作了6年时间。我在这15年中接触过许多基金业的朋友，见证了他们的艰苦奋斗、筚路蓝缕、开拓辉煌；亲眼看到他们如何从风华正茂的青年，成长为管理上千亿元资金的职业经理人。与此同时，我也知道他们的酸甜苦辣，目睹了有些朋友的商海浮沉，也看到了一些朋友的两鬓渐渐出现的丝丝霜发。

与此相伴的，是中国证券投资基金业从零开始，今天的资产管理达到4万亿元规模的历史成就。

2012年底，我和几位朋友提议在中国基金业规范发展15周年的时候，编写几本文集，作为对这一段历史的纪念。这个想法得到了《证券时报》史月萍编委、中国金融出版社魏革军社长的认同和支持。2013年1月，我们征求了多方面的意见，并约集了若干专家组成了编委会。

经过多次讨论，编委会确定了《中国基金业人物志》《中国基金业简史》《中国基金业发展掠影》三本书的编写计划。在此需要说明的是，在丛书书名中我们没有使用"证券投资基金"的字眼，而是直接使用"基金"的称呼，是考虑到习惯叫法，因为在我国，证券投资基金是基金的主体，人们平常所说的基金主要就是指证券投资基金。

《中国基金业简史》和《中国基金业发展掠影》在确定了写作框架和组织了写作班子后，有条不紊地推进，而《中国基金业人物志》的编写却相对有些困难。这主要是关于入志的人物确定，使编委会颇感踌躇。在这样一个群体中，许多精英头上都顶着业绩的光环，而一本小书显然无法把他们尽收眼底。经过反复研究，最终编委会决定的取舍标准是，入志的人物需要满足三个条件：（1）他们必须在基金业从业10年以上。（2）他们应当在所在的基金公司中担任总经理职务2届以上。（3）他们所领导的公司应当在行业排序中位居前15位。根据这个原则确定了几位人选之后，又根据专家意见和银河证券基金研究中心的客观数据排名，确定了三位基金经理进入入选名单。

以后的工作就是按部就班了。在这里，编委会感谢丛书的各位作者在采访和写作以及编辑工作中所付出的辛劳，感谢各位传主在采访过程中给予的积极配合，感谢中国金融出版社的大力支持。你们的付出，使本丛书的出版计划得以实现。我们深信，在后来的专家学者研究中国资本市场发展、研究中国证券基金业早期历史的时候，本丛书将是他们的案头必备。

借丛书出版的机会，感谢这个时代，感谢我曾有幸与之共事的所有朋友。

马庆泉

2013年12月22日，冬至日，于北京

目 录 | CONTENTS

萌 芽

Bud

　　证券投资基金作为社会化的理财工具，起源于英国的投资信托公司。1868 年，英国成立"海外及殖民地政府信托基金"，公开向社会公众发售认股凭证，被金融史学家视为证券投资基金的雏形。1924 年 3 月 31 日，马萨诸塞投资信托基金在美国波士顿成立，成为世界上第一只公司型开放式基金。

　　20 世纪 80 年代以后，证券投资基金在世界范围内得到普及性发展。

萌 芽

Bud

　　始于 1978 年的中国经济体制改革，推动中国经济快速发展，引发了社会对资金的巨大需求。1990 年 12 月、1991 年 1 月，上海证券交易所、深圳证券交易所相继开业，中国证券市场正式形成。随着经济发展和证券市场的起步，中国基金业开始萌芽。

　　1991 年 7 月，珠信基金宣告成立，发行规模 6 930 万元；同年 10 月，武汉基金、南山基金相继设立，成为中国首批设立的投资基金。

　　1992 年 8 月，深圳投资基金管理公司成立，成为中国第一家专业性基金管理公司。同年 11 月，中国人民银行开始对基金发行审批，深圳经济特区分行批准深圳投资基金管理公司发行天骥基金，规模 5.81 亿元，成为当时发行规模最大的一只基金。

　　1992 年 11 月，中国境内第一家比较规范的投资基金——淄博乡镇企业投资基金（以下简称"淄博基金"）经中国人民银行总行批准正式设立。该基金为公司型封闭式基金，募集资金 1 亿元人民币，并于 1993 年 8 月在上海证券交易所最早挂牌上市。淄博基金的设立揭开了投资基金在中国发展的序幕，并在 1993 年上半年引发了短暂的中国投资基金发展热潮。

　　珠信基金的成立标志着我国投资基金的起步；天骥、蓝天、淄博等投资基金作为首批基金在深圳证券交易所和上海证券交易所上市，标志着我国全国性投资基金市场形成。 截至 1997 年底，我国共设立各类投资基金 78 只，募集资金共计 76 亿元人民币，全部为封闭式基金。

　　总体而言，这一时期的中国基金业发展处于萌芽、起步阶段，整体发展缓慢，带有很大的探索性与自发性。

中国人民银行

银复〔1992〕425号

关于设立淄博投资基金
管理公司的批复

人民银行山东省分行:

鲁银发〔1992〕8号文、淄政发〔1992〕185号、中农信〔1992〕82号文及有关材料收悉。现批复如下:

一、同意设立淄博投资基金管理公司并核准该公司章程。

二、该公司应执行《中华人民共和国银行管理暂行条例》及其他有关规定,严格按照批准的业务范围开展经营活动。

三、该公司成立后须按规定向中国人民银行总行报送统计、会计报表及有关业务报告。

四、今后该公司主要负责人变动,须按有关规定报中国人民银行审查同意。

一九九二年十一月三日

机构**发展**篇
Organization Development

　　15年来，中国基金业从无到有，由小变大。这其间的主体，就是基金管理公司。从早期的"老十家"发展到目前的近百家；从内资到合资；从沿海到内地；从香港子公司到境内子公司；从十亿到千亿，基金管理公司在不断发展壮大。与此同时，基金管理公司的治理结构也在日益完善。

　　随着基金管理公司参与主体的日趋多元化以及基金市场竞争的加剧，我们相信，未来既有"小而美"的基金管理公司，也将诞生资产管理规模达万亿级的"巨轮型"基金管理公司。

基金管理公司

1997 年 11 月 14 日，国务院证券管理委员会颁布出台《证券投资基金管理暂行办法》，为我国基金业的规范发展奠定了法律基础。1998 年 3 月 27 日，经中国证监会批准，南方基金管理公司和国泰基金管理公司作为首批基金管理公司分别在深圳和上海成立，拉开了我国基金管理公司发展的序幕。截至 2013 年末，我国共设立了 89 家基金管理公司。

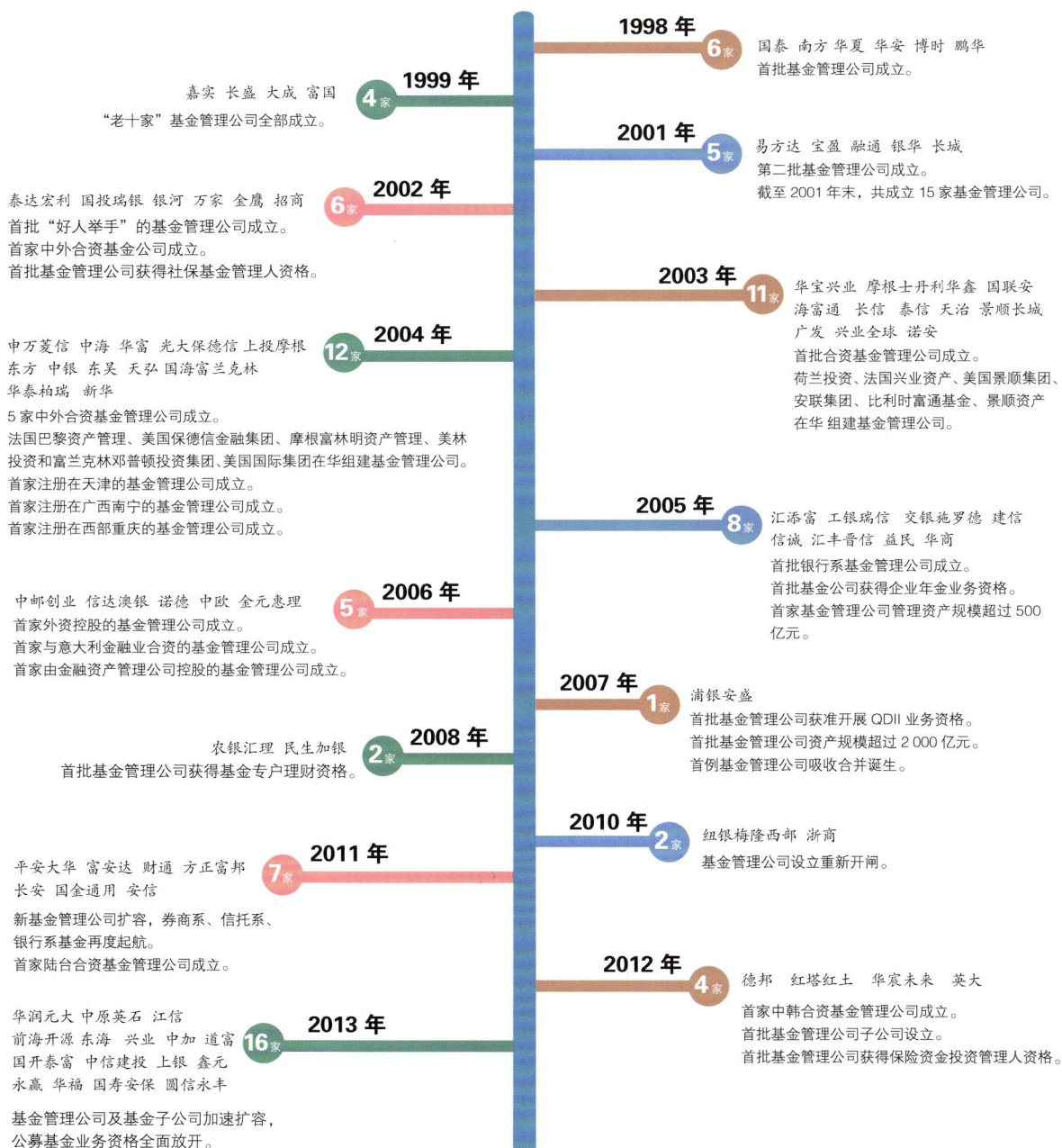

1998 年 ⑥家
国泰 南方 华夏 华安 博时 鹏华
首批基金管理公司成立。

1999 年 ④家
嘉实 长盛 大成 富国
"老十家"基金管理公司全部成立。

2001 年 ⑤家
易方达 宝盈 融通 银华 长城
第二批基金管理公司成立。
截至 2001 年末，共成立 15 家基金管理公司。

2002 年 ⑥家
泰达宏利 国投瑞银 银河 万家 金鹰 招商
首批"好人举手"的基金管理公司成立。
首家中外合资基金公司成立。
首批基金管理公司获得社保基金管理人资格。

2003 年 ⑪家
华宝兴业 摩根士丹利华鑫 国联安
海富通 长信 泰信 天治 景顺长城
广发 兴业全球 诺安
首批合资基金管理公司成立。
荷兰投资、法国兴业资产、美国景顺集团、
安联集团、比利时富通基金、景顺资产
在华组建基金管理公司。

2004 年 ⑫家
申万菱信 中海 华富 光大保德信 上投摩根
东方 中银 东吴 天弘 国海富兰克林
华泰柏瑞 新华
5 家中外合资基金管理公司成立。
法国巴黎资产管理、美国保德信金融集团、摩根富林明资产管理、美林
投资和富兰克林邓普顿投资集团、美国国际集团在华组建基金管理公司。
首家注册在天津的基金管理公司成立。
首家注册在广西南宁的基金管理公司成立。
首家注册在西部重庆的基金管理公司成立。

2005 年 ⑧家
汇添富 工银瑞信 交银施罗德 建信
信诚 汇丰晋信 益民 华商
首批银行系基金管理公司成立。
首批基金公司获得企业年金业务资格。
首家基金管理公司管理资产规模超过 500
亿元。

2006 年 ⑤家
中邮创业 信达澳银 诺德 中欧 金元惠理
首家外资控股的基金管理公司成立。
首家与意大利金融业合资的基金管理公司成立。
首家由金融资产管理公司控股的基金管理公司成立。

2007 年 ①家
浦银安盛
首批基金管理公司获准开展 QDII 业务资格。
首批基金管理公司资产规模超过 2 000 亿元。
首例基金管理公司吸收合并诞生。

2008 年 ②家
农银汇理 民生加银
首批基金管理公司获得基金专户理财资格。

2010 年 ②家
纽银梅隆西部 浙商
基金管理公司设立重新开闸。

2011 年 ⑦家
平安大华 富安达 财通 方正富邦
长安 国金通用 安信
新基金管理公司扩容，券商系、信托系、
银行系基金再度起航。
首家陆台合资基金管理公司成立。

2012 年 ④家
德邦 红塔红土 华宸未来 英大
首家中韩合资基金管理公司成立。
首批基金管理公司子公司设立。
首批基金管理公司获得保险资金投资管理人资格。

2013 年 ⑯家
华润元大 中原英石 江信
前海开源 东海 兴业 中加 道富
国开泰富 中信建投 上银 鑫元
永赢 华福 国寿安保 圆信永丰
基金管理公司及基金子公司加速扩容，
公募基金业务资格全面放开。

以上数据截至 2013 年 12 月 31 日。

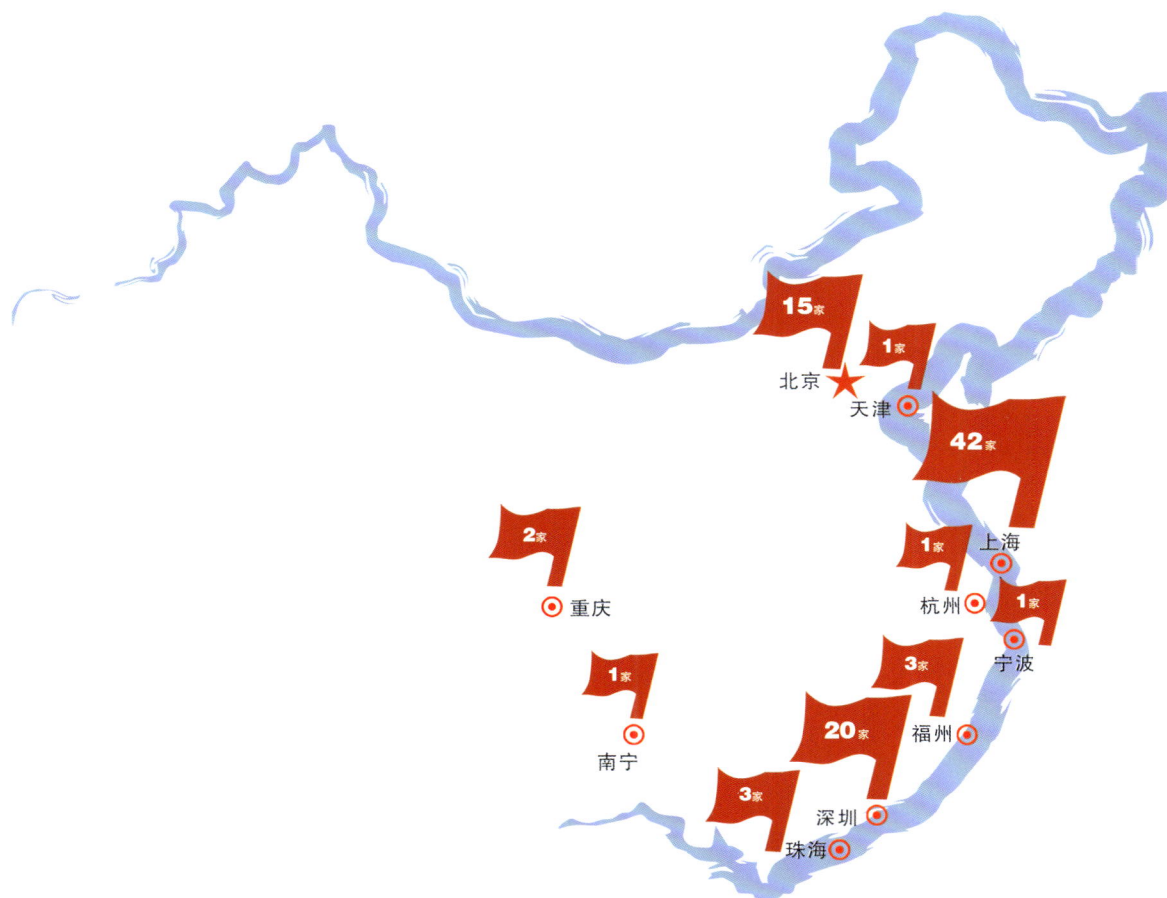

北京 **15**家
天津 **1**家
重庆 **2**家
上海 **42**家
杭州 **1**家
宁波 **1**家
福州 **3**家
深圳 **20**家
南宁 **1**家
珠海 **3**家

北京

15 家　9 家合资

华夏　泰达宏利　东方　工银瑞信　建信　华商　中邮创业　方正富邦
国金通用　英大　江信　中加　道富　国开泰富　中信建投

上海

42 家　25 家合资

国泰　华安　嘉实　富国　国投瑞银　银河　万家　华宝兴业　国联安　海富通
长信　泰信　天治　兴业全球　申万菱信　中海　华富　光大保德信　上投摩根
中银　东吴　华泰柏瑞　汇添富　交银施罗德　信诚　汇丰晋信　诺德　中欧
金元惠理　浦银安盛　农银汇理　纽银梅隆西部　富安达　财通　长安　德邦
华宸未来　中原英石　东海　上银　鑫元　国寿安保

深圳

20 家　10 家合资

南方　博时　鹏华　长盛　大成　宝盈　融通　银华　长城　招商
摩根士丹利华鑫　景顺长城　诺安　信达澳银　民生加银　平安大华
安信　红塔红土　华润元大　前海开源

珠海

3 家

易方达　金鹰　广发

重庆

2 家

新华　益民

天津

1 家

天弘

杭州

1 家

浙商

宁波

1 家

永赢

南宁

1 家（合资）

国海富兰克林

福州

3 家　1 家合资

兴业　华福　圆信永丰

中国证券监督管理委员会
关于同意筹建国泰基金管理有限公司的批复

1998 年 2 月 5 日　　证监基字〔1998〕1 号

国泰证券有限公司：

你公司报送的申请设立国泰基金管理有限公司的申报材料收悉。现批复如下：

一、同意你公司作为主要发起人筹建国泰基金管理有限公司。

二、原则同意国泰基金管理有限公司的筹建方案，拟筹建的国泰基金管理有限公司注册资本为 6000 万元人民币，其中，你公司持股 55％，浙江省国际信托投资公司持股 15％，中国电力信托投资公司持股 15％，上海爱建信托投资公司持股 15％，注册地在上海市。

三、筹建期为自本文下发之日起六个月，筹建就绪后，应向我会申请正式开业。

四、你公司及有关发起人应按照《中华人民共和国公司法》和《证券投资基金管理暂行办法》等有关法规要求，认真做好筹建工作。

中国证券监督管理委员会
关于同意筹建南方基金管理有限公司的批复

1998 年 2 月 5 日　　证监基字〔1998〕2 号

南方证券有限公司：

你公司报送的申请设立南方基金管理有限公司的申报材料收悉。现批复如下：

一、同意你公司作为主要发起人筹建南方基金管理有限公司。

二、原则同意南方基金管理有限公司的筹建方案，拟筹建的南方基金管理有限公司注册资本为 5000 万元人民币，其中，你公司持股 60％，厦门国际信托投资公司持股 20％，广西信托投资公司持股 20％，注册地在深圳市。

三、筹建期为自本文下发之日起六个月，筹建就绪后，应向我会申请正式开业。

四、你公司及有关发起人应按照《中华人民共和国公司法》和《证券投资基金管理暂行办法》等有关法规要求，认真做好筹建工作。

中国证券监督管理委员会
关于南方基金管理有限公司开业申请的批复

1998 年 3 月 3 日　　证监基字〔1998〕4 号

南方证券有限公司：

你公司报送的南方基金管理有限公司开业申请的申报材料收悉。经审核，上述材料符合《中华人民共和国公司法》和《证券投资基金管理暂行办法》等有关法规的规定，现批复如下：

一、同意南方基金管理有限公司开业。

二、南方基金管理有限公司的注册资本为 5000 万元人民币，其中，你公司持股 60％，厦门国际信托投资公司持股 20％，广西信托投资公司持股 20％，注册地在广东省深圳市。

三、基金管理公司部门经理以上管理人员的聘用须经我会审核同意。

↑→ 1998 年 3 月 5 日，经中国证监会批准，国泰基金管理公司、南方基金管理公司相继成立，成为我国首批成立的基金管理公司。

↑ 1998 年 4 月 9 日，华夏基金管理公司在寿松饭店宣布成立。图为 2000 年参与筹备创立华夏基金管理公司的创业先锋合影。

中国证券监督管理委员会
关于同意筹建华安基金管理有限公司的批复

1998 年 4 月 23 日　　　证监基字〔1998〕18 号

上海国际信托投资公司：

你公司报送的申请设立华安基金管理有限公司的申报材料收悉。经审核，现批复如下：

一、同意你公司作为主要发起人筹建华安基金管理有限公司。

二、原则同意华安基金管理有限公司的筹建方案。拟筹建的基金管理公司的注册资本为 5000 万元人民币，其中，你公司出资 3000 万元，占 60%，申银万国证券股份有限公司出资 1000 万元，占 20%，山东证券有限责任公司出资 1000 万元，占 20%，注册地在上海市。

三、筹建期自本文下发之日起六个月。筹建就绪后，应向我会申请正式开业。

四、各发起人的董事长、副董事长及高级管理人员不得兼任基金管理公司的董事长；基金管理公司的高级管理人员不得在其他任何经营性机构任职；基金管理公司的董事长不得兼任总经理；拟担任基金管理公司部门经理以上职务的管理人员，需符合有关任职资格的规定。

五、你公司及有关发起人应按照《中华人民共和国公司法》、《证券投资基金管理暂行办法》及其他有关法规要求，认真做好筹建工作。

↑ 1998 年 6 月 4 日，华安基金管理有限公司获批成立。成为中国证监会在《证券投资基金管理暂行办法》出台后批准设立的首批基金管理公司之一。

↑ 1999 年 3 月 26 日，长盛基金管理有限公司获批成立，成为国内最早成立的十家基金管理公司之一。图为公司召开的第一届董事会第四次会议。

↑ 2002 年 6 月 6 日，湘财合丰基金管理有限公司成立，这是实行"好人举手"制度以来，首批经中国证监会批准筹建的基金管理公司；后因股权变动，公司于 2010 年 3 月 9 日正式更名为泰达宏利基金管理有限公司，图为公司更名酒会。

→ 2002 年 12 月 27 日，中国证监会批准设立的首家中外合资基金管理公司——招商基金管理有限公司在深圳成立。

↑ 2003 年 3 月 7 日,华宝兴业基金管理公司获批成立,成为国内首批中外合资基金管理公司之一,这也是国内首家由信托公司和外方资产管理公司发起设立的中外合资基金管理公司。

↑ 2003 年 8 月 5 日,广发基金管理公司正式开业。该公司由广发证券股份有限公司为主发起人,并与广州科技风险投资有限公司、深圳市香江投资有限公司、烽火通信科技股份有限公司共同发起设立。截至 2012 年底,广发基金公司管理资产规模为 1 220.94 亿份,该公司成立 10 年来管理的资产规模在行业排名第五。

↑ 2004 年 6 月 11 日，东方基金管理有限责任公司在北京开业，成为《证券投资基金法》正式实施后获准开业的首家基金管理公司。

↑ 2005 年 4 月 11 日，国海富兰克林基金管理有限公司在南宁举行开业庆典暨产品首发仪式。这是我国首家注册在广西南宁的基金管理公司，也是我国第十三家正式开业的中外合资基金管理公司。

↑ 2005年6月8日，境内首家外方持股比例达到最高上限（49%）的合资基金管理公司国投瑞银合资基金管理公司更名成立，股东为全球领先的瑞士银行集团及国投信托有限公司。公司前身为成立于2002年6月的中融基金管理有限公司。图为公司成立新闻发布会现场。

↑ 2005年6月13日，上海国际信托投资公司董事长周有道与摩根富林明资产管理公司首席执行官白博文为双方共同设立的上投摩根富林明基金管理公司揭牌。

↑ 2005 年 7 月 5 日，我国首家由国有商业银行发起设立的基金管理公司——工银瑞信基金管理有限公司在北京举行开业典礼及揭牌仪式。中国证监会副主席桂敏杰，中国人民银行行长助理刘士余，中国银监会主席助理车迎新，中国工商银行行长姜建清、副行长杨凯生，瑞士信贷第一波士顿亚太区主席兼首席执行官 Paul Calello 等出席开业典礼并致辞。

→ 2005 年 8 月 12 日，由交通银行控股的银行系基金公司——交银施罗德基金管理有限公司在上海正式成立。

← 2005 年 9 月 28 日，由中国建设银行、美国信安金融集团和中国华电集团共同组建的建信基金管理公司在北京举行开业典礼。

← 2006 年 2 月 20 日，由汇丰集团旗下汇丰投资管理公司和山西信托合资成立的汇丰晋信基金管理公司在上海开业。时任山西省省委常委、常务副省长范堆相，上海市委常委、常务副市长冯国勤出席开业仪式，交通银行行长张建国、汇丰银行主席郑海泉应邀出席。

→ 2006 年 7 月 20 日，信达澳银基金管理公司在北京人民大会堂举行开业庆典。澳大利亚驻华大使唐茂思博士与银监会副主席蔡鄂生先生为公司开业揭牌。

← 2006 年 8 月 9 日，我国首家外资控股的基金管理公司——诺德基金管理公司在上海正式开业。公司注册资本为 1 亿元人民币，其中诺德·安博特持股 49%，长江证券持股 30%，清华控股持股 21%。

↑ 2007 年 8 月 28 日，国内首家第二批银行系基金管理公司——浦银安盛基金管理有限公司在上海宣告开业。上海市常务副市长冯国勤和法国驻沪总领事协和·马杜 (Thierry Mathou) 出席开业仪式并致辞。

↑ 2008 年 1 月 16 日，中银国际基金管理有限公司更名成立，成为由中国银行股份有限公司和贝莱德投资管理有限公司联合组建的中外合资基金管理公司。该公司前身为中银国际基金管理有限公司，于 2004 年 7 月 29 日正式开业，由中银国际和美林投资管理合资组建。

↑ 2008 年 4 月 16 日，中国农业银行控股的农银汇理基金管理公司在上海正式开业，该公司由中国农业银行、法国东方汇理资产管理公司及中国铝业股份公司共同出资组建。至此，中国四大国有商业银行全部拥有了自己控股的"银行系"基金管理公司。

↑ 2010 年 10 月 21 日，浙商基金管理有限公司在杭州正式成立。该公司是 2010 年度成立的第二家基金管理公司，由浙商证券有限责任公司、养生堂有限公司、通联资本管理有限公司、浙江浙大网新集团有限公司各出资分别25%共同发起设立。图为 2010 年 11 月 11 日公司开业典礼的现场。

↑ 2011年1月7日，由中国平安的控股子公司平安信托、新加坡大华资产管理、三亚盈湾旅业共同发起设立的平安大华基金管理公司在深圳注册成立。公司注册资本3亿元，是目前国内注册资本最高的基金管理公司之一。图为2011年3月9日公司开业庆典现场。

↑ 2011年3月4日，申万巴黎基金管理公司因股权变动，公司名称变更为"申万菱信基金管理有限公司"。图为公司举办更名答谢酒会。

↑ 2011年6月8日，由南京证券、江苏交通控股和南京市河西新城区国有资产经营控股（集团）共同发起设立的富安达基金管理有限公司在上海举行开业庆典。

↑ 2011年7月25日，境内首家陆台合资的基金管理公司——方正富邦基金管理有限公司在北京举行揭牌仪式。

↑ 2011 年 9 月 15 日，长安基金管理有限公司开业员工合影。

→ 2012 年 5 月 25 日，国内获批成立的第 70 家基金管理公司——德邦基金管理有限公司在上海举行开业庆典。

← 香港惠理公司以 4 050 万元人民币向比利时联合资产管理公司收购金元比联基金管理有限公司 49% 的股权。2012 年 3 月 20 日，金元比联基金管理有限公司正式更名为金元惠理基金管理有限公司，成为境内首家港资入股的合资基金管理公司。图为公司更名新闻发布会现场。

↑ 2012 年 8 月 31 日，红塔红土基金管理有限公司在深圳召开公司成立后首次股东会及董事会，公司股东代表及董事出席会议，就公司相关问题进行讨论。

↑ 2013 年 3 月 5 日，由华润深国投信托有限公司与台湾元大宝来证券有限公司共同发起设立的华润元大基金管理公司在深圳举行开业仪式，这是 2013 年境内成立的首家陆台合资的基金管理公司。

← 2013 年 4 月 17 日，由兴业银行控股的基金管理公司——兴业基金管理公司正式成立。

图为 2013 年 6 月 19 日，兴业基金相关领导在福州参加"中国·海峡项目成果与金融资本对接会"。

→ 2013 年 5 月 31 日，国内第 81 家基金管理公司——道富基金管理有限公司在北京注册成立。图为 2013 年10 月 19 日道富基金团队建设活动合影。

← 2013 年 9 月 12 日，由中信建投证券公司发起并控股的基金管理公司——中信建投基金管理有限公司在北京举行开业典礼。

基金子公司

2012 年 11 月 1 日，《证券投资基金管理公司子公司管理暂行规定》修订生效。
同年 11 月 16 日，工银瑞信、嘉实、平安大华三家基金管理公司首批获得设立基金子公司批文。

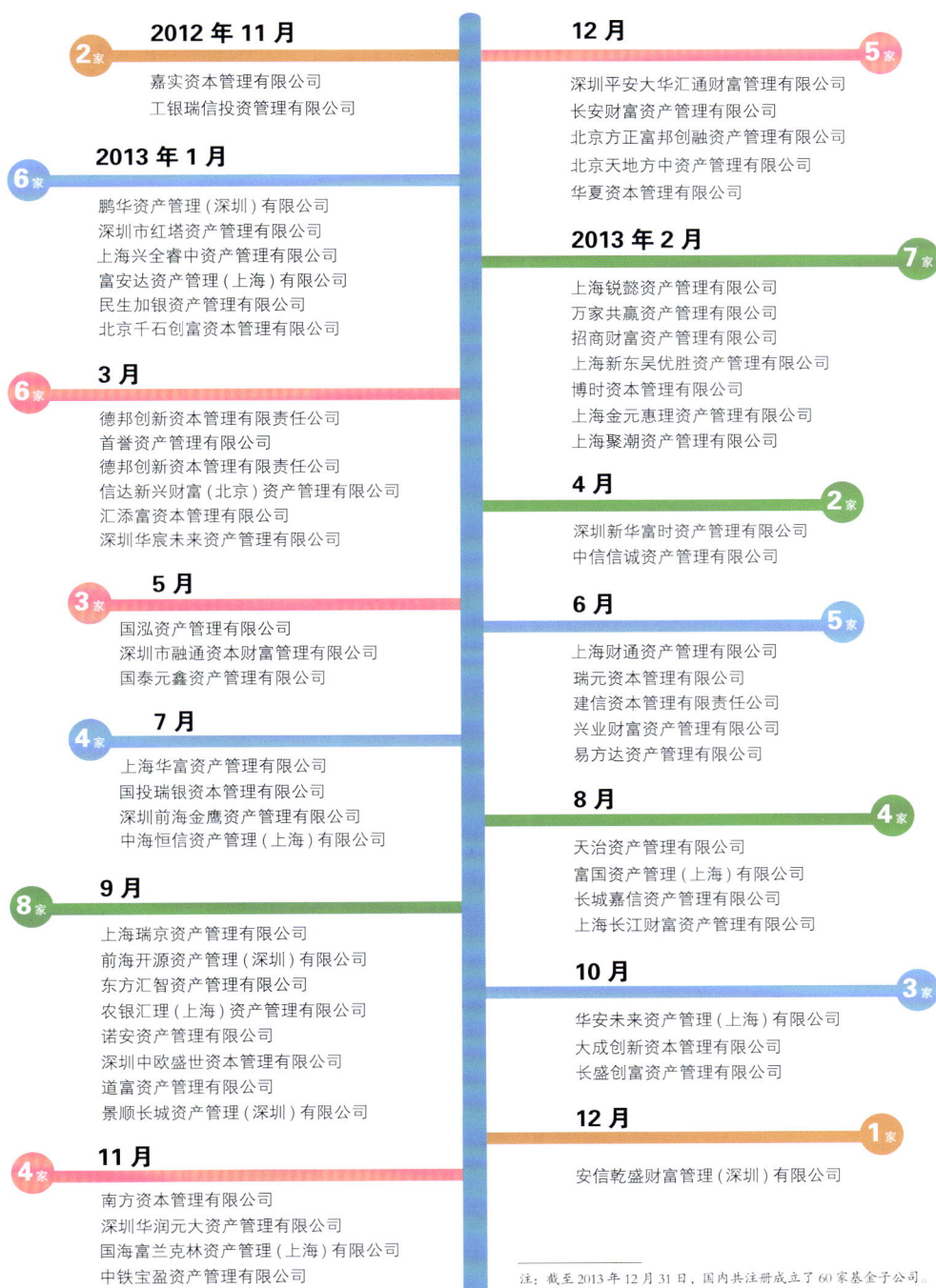

2012 年 11 月　2 家

嘉实资本管理有限公司
工银瑞信投资管理有限公司

2013 年 1 月　6 家

鹏华资产管理（深圳）有限公司
深圳市红塔资产管理有限公司
上海兴全睿中资产管理有限公司
富安达资产管理（上海）有限公司
民生加银资产管理有限公司
北京千石创富资本管理有限公司

3 月　6 家

德邦创新资本管理有限责任公司
首誉资产管理有限公司
德邦创新资本管理有限责任公司
信达新兴财富（北京）资产管理有限公司
汇添富资本管理有限公司
深圳华宸未来资产管理有限公司

5 月　3 家

国泓资产管理有限公司
深圳市融通资本财富管理有限公司
国泰元鑫资产管理有限公司

7 月　4 家

上海华富资产管理有限公司
国投瑞银资本管理有限公司
深圳前海金鹰资产管理有限公司
中海恒信资产管理（上海）有限公司

9 月　8 家

上海瑞京资产管理有限公司
前海开源资产管理（深圳）有限公司
东方汇智资产管理有限公司
农银汇理（上海）资产管理有限公司
诺安资产管理有限公司
深圳中欧盛世资本管理有限公司
道富资产管理有限公司
景顺长城资产管理（深圳）有限公司

11 月　4 家

南方资本管理有限公司
深圳华润元大资产管理有限公司
国海富兰克林资产管理（上海）有限公司
中铁宝盈资产管理有限公司

12 月　5 家

深圳平安大华汇通财富管理有限公司
长安财富资产管理有限公司
北京方正富邦创融资产管理有限公司
北京天地方中资产管理有限公司
华夏资本管理有限公司

2013 年 2 月　7 家

上海锐懿资产管理有限公司
万家共赢资产管理有限公司
招商财富资产管理有限公司
上海新东吴优胜资产管理有限公司
博时资本管理有限公司
上海金元惠理资产管理有限公司
上海聚潮资产管理有限公司

4 月　2 家

深圳新华富时资产管理有限公司
中信信诚资产管理有限公司

6 月　5 家

上海财通资产管理有限公司
瑞元资本管理有限公司
建信资本管理有限责任公司
兴业财富资产管理有限公司
易方达资产管理有限公司

8 月　4 家

天治资产管理有限公司
富国资产管理（上海）有限公司
长城嘉信资产管理有限公司
上海长江财富资产管理有限公司

10 月　3 家

华安未来资产管理（上海）有限公司
大成创新资本管理有限公司
长盛创富资产管理有限公司

12 月　1 家

安信乾盛财富管理（深圳）有限公司

注：截至 2013 年 12 月 31 日，国内共注册成立了 60 家基金子公司。

← 2012 年 12 月 14 日，首批基金子公司深圳平安大华汇通财富管理有限公司经工商批准在深圳正式成立。

→ 2013 年 1 月 29 日，富安达资产管理(上海)有限公司在上海举行开业暨揭牌仪式。

← 2013 年 1 月 30 日，首家引入股权激励的基金子公司——万家共赢资产管理有限公司召开成立后的第一次股东会议。

← 2013 年 2 月 28 日，招商基金管理公司全资子公司招商财富资产管理有限公司正式开业。图为许小松总经理在开业庆典上讲话。

↑ 2013 年 4 月 20 日，民生加银资产管理有限公司在北京举行开业典礼，民生加银资产管理有限公司蒋志翔总经理与莅临开业典礼的民生银行股份有限公司董文标董事长等领导在签字留念板前合影。

托管机构及其他服务机构

中国证券投资基金行业自诞生之日起，就确立了基金托管制度。15 年来，无论是工行、农行、中行、建行、交行五家大型商业银行，还是中小股份制商业银行都积极参与了证券投资基金的托管、销售工作，为中国基金业的持续发展保驾护航。截至 2013 年末，国内共有 216 家机构服务基金市场。

在泛资产管理新时代，市场将更加开放，竞争将日趋激烈。我们相信，未来将会有更多的金融机构参与到基金市场，共同书写中国基金行业的崭新未来。

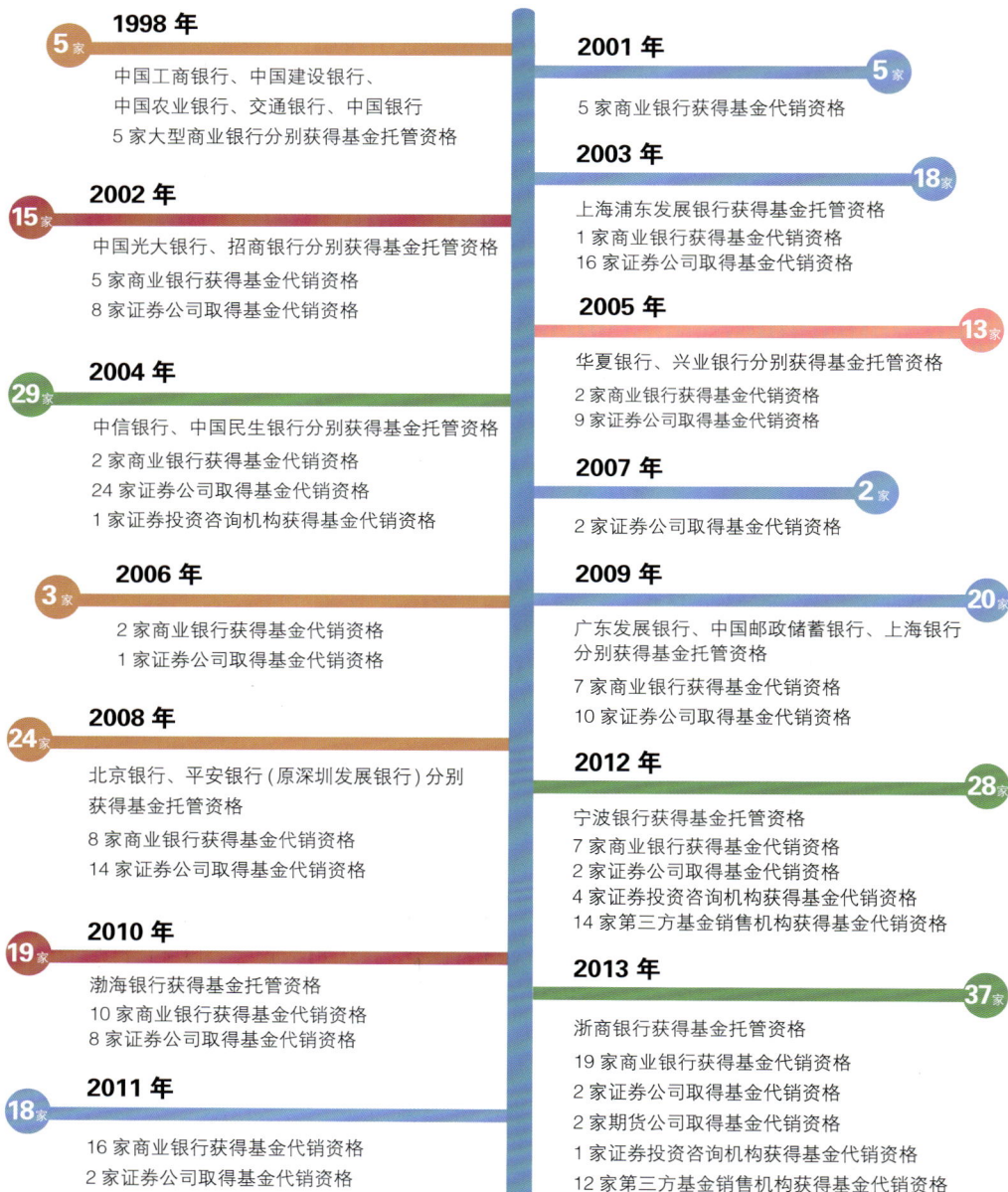

5家 1998 年

中国工商银行、中国建设银行、
中国农业银行、交通银行、中国银行
5 家大型商业银行分别获得基金托管资格

2001 年 5家

5 家商业银行获得基金代销资格

15家 2002 年

中国光大银行、招商银行分别获得基金托管资格
5 家商业银行获得基金代销资格
8 家证券公司取得基金代销资格

2003 年 18家

上海浦东发展银行获得基金托管资格
1 家商业银行获得基金代销资格
16 家证券公司取得基金代销资格

29家 2004 年

中信银行、中国民生银行分别获得基金托管资格
2 家商业银行获得基金代销资格
24 家证券公司取得基金代销资格
1 家证券投资咨询机构获得基金代销资格

2005 年 13家

华夏银行、兴业银行分别获得基金托管资格
2 家商业银行获得基金代销资格
9 家证券公司取得基金代销资格

2007 年 2家

2 家证券公司取得基金代销资格

3家 2006 年

2 家商业银行获得基金代销资格
1 家证券公司取得基金代销资格

2009 年 20家

广东发展银行、中国邮政储蓄银行、上海银行
分别获得基金托管资格
7 家商业银行获得基金代销资格
10 家证券公司取得基金代销资格

24家 2008 年

北京银行、平安银行（原深圳发展银行）分别
获得基金托管资格
8 家商业银行获得基金代销资格
14 家证券公司取得基金代销资格

2012 年 28家

宁波银行获得基金托管资格
7 家商业银行获得基金代销资格
2 家证券公司取得基金代销资格
4 家证券投资咨询机构获得基金代销资格
14 家第三方基金销售机构获得基金代销资格

19家 2010 年

渤海银行获得基金托管资格
10 家商业银行获得基金代销资格
8 家证券公司取得基金代销资格

2013 年 37家

浙商银行获得基金托管资格
19 家商业银行获得基金代销资格
2 家证券公司取得基金代销资格
2 家期货公司取得基金代销资格
1 家证券投资咨询机构获得基金代销资格
12 家第三方基金销售机构获得基金代销资格

18家 2011 年

16 家商业银行获得基金代销资格
2 家证券公司取得基金代销资格

以上数据截至 2013 年 12 月 31 日。

基金托管机构地区分布

10家
北京 ★

1家
天津 ◉

3家
上海 ◉

1家
杭州 ◉

1家
宁波 ◉

1家
福州 ◉

1家
广州 ◉

2家
深圳 ◉

截至 2013 年末，我国共有 20 家托管机构，全部为商业银行。

中国证券监督管理委员会
中国人民银行

文件

（此页无正文）

证监基字〔1998〕3 号

关于核准中国工商银行基金托管人
资格的批复

中国工商银行：

你行报送的申请从事证券投资基金托管业务的申报材料收悉。现批复如下：

一、核准你行基金托管人资格。

二、你行在担任依法批设的证券投资基金托管人时，须报中国证监会与中国人民银行备案。

三、你行须严格按照《证券投资基金管理暂行办法》等有关规定开展证券投资基金托管业务，每年向中国证监会和中国人民银行报送证券投资基金托管业务报告，并随时报告重大业务活动情况，接受中国证监会和中国人民银行的监管。

主题词：基金　托管　批复

证监会办公室　　　　　　1998 年 2 月 26 日印发

打字：郭　双　　校对：王雪松　　共印 35 份

↑ 1998 年 2 月 24 日，经中国人民银行、中国证监会核准，中国工商银行成为我国第一家获得证券投资基金托管资格的银行。

↑ 2007年底，中国工商银行成功实施国内托管行业首次灾难恢复演练，以后每年实施一次，保证托管业务在遭遇突发事件或灾难时能够连续正常运营。

↑ 2009年，中国工商银行在国内首家实施托管业务灾备应急随机演练，灾备应急演练已成为一项常规化制度化的内控举措。作为国内唯一一家开展灾难恢复演练的托管银行，中国工商银行已达到托管行业灾后两小时恢复业务的国际通行水准。

↑ 2011 年 4 月 23 日，中国基金投资者服务巡讲活动——"基金文化高校行"首次走进高校。图为中国工商银行资产托管部总经理周月秋为南开大学学子作题为"中国基金业发展"专题报告。

↑ 2006 年 4 月 25 日，中国工商银行与 16 家基金管理公司在北京举行"网上基金合作推广协议"签字仪式。

← 2006 年 10 月，中国工商银行代销融通动力先锋股票型证券投资基金。

→ 中国农业银行召开 2005 年基金工作会议。

← 2006 年 8 月 17 日，中国农业银行、国家开发投资公司、天同基金管理公司（现为万家基金管理公司）在北京钓鱼台国宾馆举行战略合作协议签约仪式暨天同保本增值证券投资基金首发式。

↑自 2010 年起，中国建设银行在全国举办"基金服务万里行"系列活动。图为 2012 年新疆活动启动会现场与广州地区活动现场。

← 2011 年 11 月 9 日，中国建设银行在珠海召开中国建设银行与基金业高级论坛。

→ 2012 年 10 月 25 日，中国建设银行召开基金产品设计研讨会。

← 2004 年 11 月 25 日，天治基金管理公司和中国民生银行在北京联合召开天治品质优选混合基金新闻发布会。该基金也是中国民生银行托管的首只证券投资基金。

↑ 2003 年 3 月，兴业银行代销湘财合丰基金。图为签字仪式现场。

↑ 2011 年 9 月，兴业银行在贵阳召开基金业务合作研讨会。

↑ 2005 年，深圳发展银行（后平安银行）举办两只开放式基金发行前培训会。

↑ 2005 年 8 月 25 日，由沪深证券交易所共同发起设立的中证指数有限公司在上海举行揭牌仪式，宣布正式成立。上海证券交易所理事长耿亮、深圳证券交易所理事长陈东征同为中证指数有限公司揭牌。

↑ 2007 年 1 月 25 日，渤海证券公司上海昆明路营业部基金营销员为老百姓答疑解难。

← 2012 年 3 月 22 日，中国证监会批准好买、众禄、东财和诺亚正行四家理财机构获准独立第三方基金销售业务资格。第三方基金销售机构在中国正式开闸。图为上海好买基金销售有限公司获得基金销售业务资格证书。

产品**发展**篇
Product Development

    我国基金业的发展是在社会对专业的理财服务日益增长的需求以及证券业务大力发展机构的市场要求下产生的。与国际发展历程类似，我国基金行业始终是在创新中得到发展。

    15 年来，得益于市场的创新驱动，国内基金产品种类日趋丰富。从封闭式基金到开放式基金，从股票型基金到债券型基金；从混合型基金到保本型基金，再到货币市场基金、QDII 基金等。此外，分级基金、ETF 等工具型产品快速崛起，不仅丰富了投资者的选择范围，而且也为投资者低成本资产配置和交易提供了极大便利。

封闭式基金

1998 年 3 月 27 日，经中国证监会批准，新成立的南方基金管理公司和国泰基金管理公司分别发起设立了规模均为 20 亿份的两只封闭式基金——"基金开元"和"基金金泰"，由此拉开了我国证券投资基金试点的序幕。截至 2001 年 9 月开放式基金推出之前，我国共有 47 只封闭式基金，规模达 689 亿份。

↑ 1998 年 3 月 23 日，我国首批封闭式基金"基金金泰"、"基金开元"成功发行，揭开了中国证券投资基金规范发展的序幕，其基金管理人分别为国泰基金管理公司、南方基金管理公司，基金托管人均为中国工商银行。下图为基金金泰与基金开元上市以来的业绩表现图。

基金金泰业绩表现图

基金开元业绩表现图

↑ 1998 年 5 月 8 日，国内首批封闭式基金之一——华夏兴华基金在上海证券交易所上市交易。截至 2012 年 12 月 31 日，该基金成立累计净值增长率达到 1 067.20%，在全部封闭式基金中收益率最高。

基金资产净值将每周公布

（1998 年 10 月 12 日）

为增加基金运作的透明度，维护基金市场的稳定，自本周起，证券投资基金将每周公布一次资产净值。

净值公布是投资者了解基金运作情况的主要渠道。在此之前，基金资产的净值以月末最后一个交易日的收市价为基准，每月只公布一次。

据介绍，以往做法的弊端是间隔时间过长，不能客观全面地反映基金在一个月内的动作实绩，投资者据此操作易产生盲目性，也不利于加强基金的日常监管。按国际惯例，封闭式基金都是每周至少公告一次资产净值。而且，从技术角度讲，无论是我国的基金管理公司还是托管银行，都具备了每周公布一次资产净值的条件。

↑ 为增加基金运作透明度，自 1998 年 10 月 12 日起，证券投资基金资产净值每周公告一次。

↑ 1999 年 4 月 20 日，嘉实基金管理公司管理的首只证券投资基金——泰和证券投资基金在上海证券交易所挂牌上市。

↑ 1999 年 4 月 2 日，长盛基金管理公司管理的首只证券投资基金——同益证券投资基金在深圳证券交易所上网发行；1999 年 4 月 21 日该基金正式挂牌上市。

→ 1999 年 7 月 8 日，经中国证监会批准，中国首批指数化投资基金"兴和证券投资基金"和"普丰证券投资基金"各 30 亿元分别在上海证券交易所和深圳证券交易所上网发行。图为 1999 年 7 月 14 日，境内最早的优化指数型基金——华夏兴和基金成立。

←↓ 2002 年 4 月 4 日，嘉实基金管理公司管理的第二只封闭式基金——丰和证券投资基金在深圳证券交易所挂牌上市。

↑ 2002 年 3 月 20 日，易方达基金管理公司、广东粤财信托投资公司共同发起设立基金科瑞，基金规模 30 亿份，成为 2002 年新发行的首只大盘封闭式基金。图为该基金网上路演现场。

↑ 2002 年 8 月 15 日，银河基金管理公司发起设立境内最后一只封闭式证券投资基金——银丰基金。图为该基金网上路演现场。

↑ 2006 年7 月14 日，华夏兴业基金持有人大会召开，封转开方案获参会持有人98.69% 赞成票。中国基金业首次以现场方式召开持有人大会。2006 年8 月1 日，首例封转开案例——华夏兴业基金封转开获批，8 月9 日，转型后的华夏平稳增长混合基金成立。图为2006 年7 月14 日，华夏兴业基金持有人大会召开现场。

← 2007 年4 月28 日，华安旗下封闭式基金——安瑞证券投资基金到期转型为主要投资于具有持续成长潜力的中小盘股票的开放式基金，名称变更为"华安中小盘成长股票型证券投资基金"。

→ 2007 年 7 月 23 日，境内首只创新型封闭式基金——大成优选股票型证券投资基金获批发行，成为继 2002 年 8 月基金银丰发行后近 5 年来首只获批发行的封闭式基金。

↑ 2007 年 7 月 18 日，国投瑞银基金管理公司发起设立境内首只创新型封闭式分级基金——国投瑞银瑞福创新基金。图为该基金发行启动新闻发布会。

↑ 2011 年 10 月 24 日，国内首只封闭式债券基金——富国天丰封闭期结束，顺利转型为开放式上市交易基金，这也是国内首只专注信用债市场的债券基金。

↑ 2012 年 7 月 17 日，国内首只创新型分级基金——国投瑞银瑞福分级基金封闭运作期结束正式转型为跟踪深证 100 价格指数的分级基金。

← 2012 年 4 月 10 日，备受市场关注的长盛同庆可分离交易股票型证券投资基金就转型方案在北京召开份额持有人大会。

45

开放式基金

在封闭式基金试点成功的基础上，2000 年 10 月 8 日，中国证监会发布《开放式证券投资基金试点办法》。2001 年 9 月，中国第一只开放式基金——"华安创新"诞生，使我国基金业发展实现了从封闭式基金到开放式基金的历史性跨越。正是这一重大创新，推动着中国基金行业快速向前发展。

↑ 媒体报道首只开放式基金。

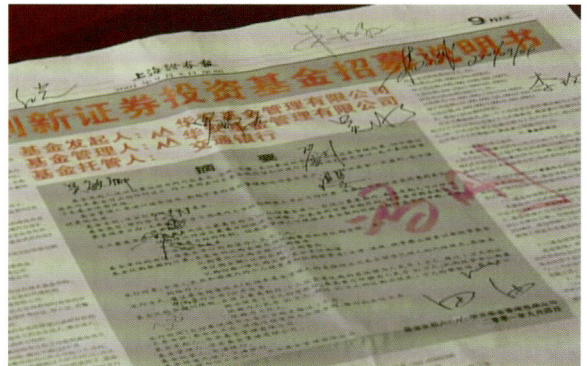

↑ 首只开放式基金招募说明书。

↑ 首只开放式基金发行方案媒体见面会。

↑ 交通银行代销首只开放式基金。

↑ 投资者咨询详情。

↑ 首只开放式基金工作人员合影。

← 投资者填表认购首只开放式基金。

↓ 中央电视台记者报道首只开放式基金。

↑ 投资者排队抢购首只开放式基金。

股票型基金

根据《证券投资基金运作管理办法》，60%以上基金资产投资于股票的基金被称为股票型基金。由于股票型基金风险高、收益高，其业绩变化直接反映了我国基金业的整体业绩水平。从发展来看，该类型基金无论在产品数量，还是在管理资产规模，均是基金产品的"老大"，是国内目前最主要、最具有创新能力的基金品种。

← 2004年7月21日，国内首只采用量化策略的基金——光大保德信量化核心证券投资基金获批发售。图为该基金发售仪式现场。

量化基金是采用量化投资策略来进行投资组合管理的基金。近年来，量化基金呈现燎原之势，众多机构都踊跃向客户推销量化产品。

← 2004年3月15日，国内首只小盘股基金——国联安德盛小盘精选证券投资基金公开发售，该基金以"中国A股市场上具有成长潜力的小盘股"为重点投资对象的基金，颇受投资者追捧，提前17天结束发行工作，共募集基金份额83亿份，其中个人投资者认购份额占到90.06%。

← 2004 年 6 月 25 日，国内首只高持股的股票型基金——景顺长城内需增长基金首发仪式在深圳举行。在资产配置上，该基金投资于股票的最大比例和最小比例分别是 80% 和 70%。

→ 2004 年 8 月 11 日，华夏大盘精选基金成立。截至 2012 年 12 月 31 日，该基金实现 1 176.07% 的总回报。华夏大盘精选基金在业内创造了多个第一，目前它是业内唯一净值超过 10 元的基金。
图为该基金发行新闻发布会现场。

← 2005 年 7 月 28 日，银华基金管理公司与上海证券交易所、中国证券登记结算有限公司在北京联合举行新闻发布会，宣布国内首只同时通过上海证券交易所"上证基金通"网络和银行网络募集的开放式基金——银华核心价值优选股票基金于 8 月 1 日起正式发售。

↑ 2005 年 2 月 22 日，博时主题行业股票基金在深圳证券交易所挂牌上市交易。图 (右) 为时任博时基金管理公司总经理肖风。

↑ 2006 年 6 月 29 日，国内首只复制基金南方稳健成长 2 号基金公开发售。该基金托管人为中国工商银行。

复制基金在国外非常普遍，主要应用在成功基金产品身上。

↑ 2006 年初启动牛市行情带来了巨大的投资机会，基金赚钱效应使得投资人的投资热情空前高涨。11 月 20 日起发行的华夏优势增长基金，两天即结束发行，募集规模达到 141 亿元。11 月 24 日，华夏优势增长股票基金正式成立。图为该基金发行启动仪式现场。

↑ 2008 年 3 月 28 日，国内首只社会责任投资产品——兴业社会责任投资基金公开发售。

社会责任投资是近几十年全球逐渐发展起来的一种投资理念，关注企业社会责任的履行。

↑ 2007 年 3 月 8 日，信达澳银领先增长型股票基金成立。该基金是境内首家由国有资产管理公司控股的基金管理公司，也是澳洲在中国合资设立的首家基金管理公司——信达澳银基金管理公司推出的首只基金。

↑ 2010 年 8 月 30 日，国内首只行业基金——汇添富医药保健股票型基金开始公开发售。

该基金以医药保健行业上市公司为股票主要投资对象，投资于医药保健行业上市公司股票的资产占股票资产的比例不低于 80%。

→绿色投资首次引入基金产品。2011 年 4 月 6 日，国内首只明确提出绿色投资理念的基金——兴全绿色投资基金公开发售。该基金重点关注绿色科技产业或公司。

↑ 2011年6月15日，国内首只"奢侈品"基金——富国全球顶级消费品股票型基金正式全面发售。该基金业绩比较基准为道琼斯奢侈品指数，其前十大成分股包含全球大部分知名的奢侈品牌。

↑ 2011年7月13日，平安大华基金管理公司首只基金平安大华行业先锋股票型基金获批正式发售。该基金将采取"投资时钟"策略，以期能够把握行业轮动节奏，挖掘不同经济周期下的投资机会。

长盛 电子信息产业
股票型证券投资基金

稳·见未来 绩·优生活

南方基金 CHINA SOUTHERN ASSET MANAGEMENT

南方金粮油 **打造精良优**

南方金粮油商品股票型基金

简称：南方金粮油 代码：前端202027 后端202028
（部分代销机构前端后端代码一致，以公告为准。）

基金管理人：
南方基金管理有限公司
CHINA SOUTHERN ASSET MANAGEMENT CO.,LTD.
客服电话：400-889-8899 网址：www.nffund.com

2012 年 2 月 1 日，国内首只专注于健康品质生活的股票基金——上投摩根健康品质生活基金正式发售。该基金将用不低于 80% 的股票资产投资于健康生活主题和品质生活主题这两大主轴相关的行业。基金托管人为中国银行。

↑ 2012 年 3 月 27 日，国内首只专注于电子信息产业的主动基金——长盛电子信息产业股票型基金募集设立。该基金将专注于 TMT（科技、媒体、通信）产业投资，其中投资于电子信息产业上市公司的股票资产不低于 80%。

← 2012 年 8 月 27 日，南方基金管理公司旗下首只商品股票型基金——南方金粮油商品股票型基金正式发售。该基金股票投资占基金资产的比例范围为 60%～95%，其中投资于金粮油商品股票不低于股票资产的 80%。基金托管人为中国工商银行。

← 2013 年 2 月 6 日，国内首只股票型发起式基金广发新经济基金募集成立，募集规模 8.2 亿份。管理人广发基金管理公司投入固有资金 1 000 万元作为发起资金，且持有期限不低于三年。

→ 2013 年 10 月 14 日，国内首只城镇化主题股票型基金——长盛城镇化主题股票基金公开发售。该基金主要通过投资城镇化主题上市公司股票，把握中国经济转型、逐步实现城镇化进程中的投资机会，力争实现基金资产的长期稳定增值，其中投资于城镇化主题上市公司股票不低于非现金基金资产的 80%。

混合型基金

混合型基金通常被称为平衡型基金，主要指将资产混合配置于股票，债券，期权等各类金融资产的基金类型。混合型基金由于兼顾股票和债券的投资，其风险特征适中，适合希望通过持有不同资产以分散风险，获取不同市场收益的投资人。从持有人的情况来看，混合型基金目前占据了相当的比例，是投资基金的重要方向。

↑ 2001 年 12 月 18 日，国内首批开放式基金之一——华夏成长证券投资基金正式成立。图为该基金获准设立新闻发布会现场。

↑ 2004 年 3 月 12 日，海富通收益增长证券投资基金正式成立。该基金为混合型基金，首募规模 130.74 亿份，成为国内首只百亿元以上规模的基金。

← 2002 年 11 月 5 日，嘉实基金管理有限公司旗下首只开放式基金——嘉实成长收益基金成立。至此，国内老十家基金管理公司全部发行了开放式基金产品。

↑ 2004 年 10 月 11 日，东方基金管理有限责任公司旗下首只证券投资基金——东方龙混合型开放式证券投资基金正式发售。该基金是在《证券投资基金法》的框架下设计推出的，是一只重点投资于优势行业中龙头企业的配置型基金。

→ 2004 年 12 月 20 日，东吴基金管理有限公司旗下首只证券投资基金——东吴嘉禾优势精选混合型基金正式发售。该基金以股票和固定收益证券为投资对象，股票投资比例最高可达 95%。

↑ 2005 年 6 月 16 日，国内首只与上海证券交易所签订上证红利指数使用协议的基金产品——中海分红增利混合型基金（原国联分红增利混合型基金）募集设立。作为首只红利型基金，该基金成立 10 个月，实施 5 次分红，累计分红收益率超过 12%。

→ 2006 年 4 月 5 日，国内首只定期分红结算的基金产品——信诚四季红混合型基金公开发售。该基金在基金合同中明确注明分红结算频率和具体分红机制，这在国内尚属首创。

← 2009 年 10 月 26 日，国内首只实行定量投资策略的混合型基金——华商动态阿尔法灵活配置混合型基金公开发售，该基金属于混合型基金，在资产配置中强调数量化配置，将引入科学的量化管理方法和策略，形成带有创新性的结合方式。

→ 2012 年 12 月 18 日，安信平稳增长混合型发起式基金募集设立。该基金的股票仓位可以实现从 0 到 95% 的跨越，成为自 2006 年以来国内首只股票仓位下限为零的混合型基金。

债券型基金

债券型基金是以国债、金融债等固定收益类金融工具为主要投资对象的基金。根据《证券投资基金运作管理办法》，80% 以上基金资产投资于债券的基金被称为债券型基金，我国的债券型基金发展起步相对较晚，2002 年 9 月，国内首只债券型基金推出，其"低风险、低波动、低费率"的优点受到市场的广泛关注和欢迎。随着债券市场发展，近年来债券型基金发展飞跃，不仅产品规模突飞猛进，更重要的是在于该类基金创新方面的突破。

← 2002 年 9 月 19 日，国内首只债券型基金——南方宝元债券型基金募集设立。该基金主要以债券投资为主，同时少量投资股票。图为南方宝元债券型基金招募说明书。

→ 2002 年 10 月 23 日，国内首只纯债券型基金——华夏债券基金募集成立。图为交通银行代理发行华夏债券基金。

← 2005 年 9 月 19 日，国内首只中短期债券基金易方达月月收益中短期债券基金募集设立。受到投资者追捧，该基金首募规模达到 114.54 亿份。

中短期债券基金主要投资于期限在 3 年以内的中短期债券、票据等投资工具，更能满足追求低风险、稳定收益、高流动性的投资需求，比较适合持有期在三个月以上的中短期投资者。

→ 2010 年 8 月 27 日，国内首只创新分级债券基金富国汇利分级债券基金公开发售。这是自基金审批 5 条通道制启用以来，创新通道的首只基金。该基金在封闭设计中进一步引入了分级机制。其封闭期为 3 年，2013 年 9 月 9 日，富国汇利分级债券基金封闭到期变更为富国汇利回报分级债券型基金。

← 2011 年 4 月 13 日，国内首只债券指数基金——南方中证 50 债券指数证券投资基金正式发售，募集上限 30 亿元，这也是国内首只采用 LOF 模式的债券基金。

↓ 2011 年 11 月 16 日，国内首只专注于产业债的主题基金——富国产业债基金正式发售。该基金为纯债型基金，不投资二级市场股票。

产业债是信用产品中剔除了城投债的部分，其发债主体有明确的主营业务收入，与国债、金融债相比，票息收入相对较高。

↑ 2012 年 5 月 10 日，受市场关注的首批短期理财基金——汇添富理财 30 天债券型基金和华安月月鑫短期理财债券型基金分别发布成立公告，其首募规模分别为 244.41 亿份和 182.22 亿份。

受到市场追捧，短期理财产品成为 2012 年基金公司产品创新的新热点。

↑ 2012 年 5 月 28 日，光大保德信基金公司发行了国内首批短期理财产品——光大添天利季度理财、光大添天盈季度理财、光大添盛双月理财。

→ 2012 年 7 月19 日，广发基金发行设立广发年年红理财基金，作为境内首款发售的一年期理财债基，仅开售一天，便取得近 6 亿元火暴发行成绩，提前结束发行。

广发理财年年红债券型证券投资基金

基金代码：270043

绝对收益天天计提

参考收益率超越1年期定存　　一年期理财产品锁定收益

← 2012 年 2 月 22 日，国内首只创新期间债券型基金国联安信心增长定期开放债券基金募集成立。该基金属于混合债券型一级基金，分定期开放方式运作。

↑ 2012 年 8 月22 日，首只运作周期仅为 7 天的超短期理财基金——工银瑞信7 天理财债券基金募集设立，首募规模 392.52 亿份，刷新了国内债券型基金发行新纪录。

← 2013 年 11 月 1 日，国内首只市政建设主题债基——万家市政纯债定期开放债券基金公开发售。该基金是以市政建设为投资主题的债券型基金。

货币市场基金

货币市场基金是指投资于货币市场上短期有价证券的一种投资基金。该基金资产主要投资于短期货币工具如国库券、商业票据、银行定期存单、政府短期债券、企业债券等。由于其收益、流动性等方面的优势，货币市场基金在满足投资者中短期低风险理财方面具有十分重要的作用，越来越多的个人投资者将货币市场基金当做准储蓄的替代品。

↑↓ 2003 年 12 月 10 日，国内首批三只货币市场基金分别获得中国人民银行和证监会批文。2003 年 12 月 30 日，首只货币市场基金——华安现金富利投资基金正式成立。图为该基金获批新闻发布会；投资者咨询该基金详情。

↑ 2004 年 3 月 5 日，南方现金增利基金募集设立，首募规模 80.50 亿份。在业绩和市场关注等优势下，该基金最高规模一度达到 230 亿份。

↑ 2004 年 3 月 19 日，首批获准发行的货币市场基金——长信利息收益基金结束募集正式成立。
图为该基金首发仪式现场。

↑ 2005 年 1 月 17 日，银华货币市场基金正式发行，发行期间仅为一周，创下了近年
来开放式基金发行期最短纪录。此外，该基金在发行中在业内首次引入基金份额分级
制度。图为该基金新闻发布会现场。

↑ 2005 年 6 月 2 日，易方达货币市场基金份额规模达到 102 亿份，成为市场上又一只超百亿基金。图为投资者在银行柜台现场咨询该产品。

↑ 2005 年 12 月 5 日，由南方基金管理公司和中信银行联手推出全国首张基金联名信用卡，国内货币市场基金首次具备了支付功能。该项业务同时被 VISA 国际组织授予"2005 年度金融产品结合创新奖"。

↑ 2006 年 1 月 20 日，首只具有银行股东背景的货币市场基金——交银施罗德货币市场基金募集成立。

↑ 2013 年 1 月 7 日，由汇添富基金、上交所、中登公司三方携手推出的国内首只"T+0"货币产品——汇添富收益快线货币市场基金正式在上海证券交易所挂牌上市。图为该基金上市典礼现场嘉宾合影。

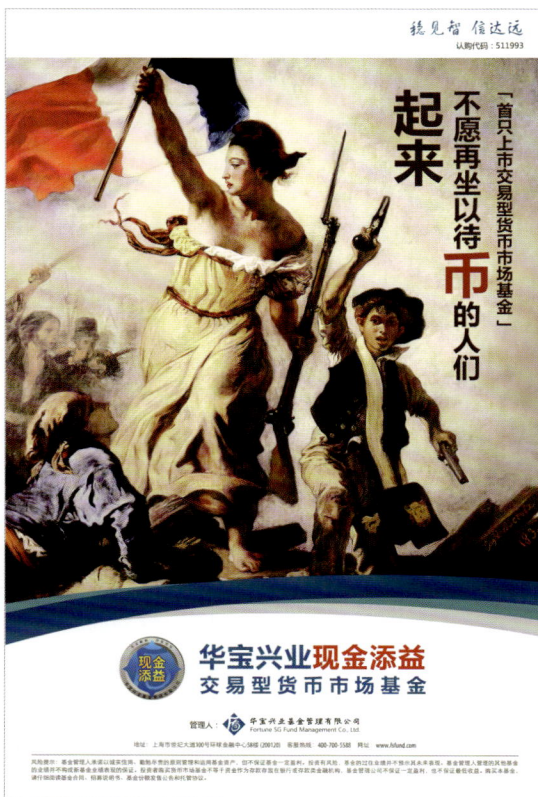

↑ 2013 年 1 月 28 日，国内首只交易型货币基金——华宝兴业现金添益交易型货币基金正式登陆上海证券交易所上市交易。该基金是针对证券保证金推出的重大创新，为场内投资者提供了一个兼顾流动性、收益性、安全性的保证金管理工具。

↑ 2013 年 4 月 18 日，银华基金管理公司管理的首只针对场内保证金理财的交易型货币基金——银华交易型货币市场基金在上海证券交易所上市交易。该基金也是首只以净值体现收益的货币基金。

指数型基金

指数型基金是成熟证券市场上不可缺少的一类基金，是一种被动的投资指数的形式。它与其他基金区别在于，指数型基金跟踪股票和债券市场业绩，所遵循的策略稳定。自 2002 年末国内首只指数型基金面市以来，基金市场相继推出了以深证 100、上证 180、新华富时中国 A200、道琼斯中国 88 、沪深 300 等指数为标的的指数基金，并逐步受到各类机构青睐。

↑ 2002 年 11 月 8 日，国内首只开放式指数型基金——华安 180 指数增强型证券投资基金募集成立。2005 年 10 月，因投资标的变更，该基金更名为"华安 MSCI 中国 A 股指数增强型证券投资基金"。

→ 2003 年 9 月 30 日，国内首只跟踪深圳 100 指数的基金融通深证 100 指数证券投资基金正式成立。

↑ 2010 年 4 月 9 日，国内首只行业指数基金——国投瑞银沪深 300 金融地产指数证券投资基金（ＬＯＦ）募集成立。该基金资产 90% 以上投资于沪深 300 金融地产指数成分股及其备选成分股，实施被动管理。

↑ 2010 年 12 月 16 日，以产业链系列布局为契机而研发的首只全市场消费行业指数基金——国投瑞银中证下游消费服务指数基金（ＬＯＦ）募集成立。

↑ 2012 年 2 月 17 日，首只上市交易的沪深 300 指数分级基金——信诚沪深 300 指数分级基金正式上市交易，这也是市场上首只可以使用股指期货对冲系统风险的分级基金，这意味着期现"T+0"套利可期。

↑ 2012 年 8 月 24 日，大成中证 500 沪市交易型开放式指数基金成立，该基金完全复制中证 500 沪市指数。

← 2012 年 11 月 19 日，国内首只媒体指数"央视财经 50 指数"基金——东方央视财经 50 指数增强型基金公开发售。

→ 2013 年 3 月 4 日，国内首只可转债指数基金融通标普中国可转债增强型基金正式发售。可转债是指上市公司发行的、在一定条件下可以转换成公司股票的债券，具有债权和股权的双重属性，"进可攻、退可守"。

ETF、LOF 基金

ETF 是一种在交易所上市交易的开放式证券投资基金，其交易手续与股票完全相同，被称为交易所交易基金。LOF 基金是指在证券交易所发行、上市及交易的开放式证券投资基金，被称为上市型开放式基金。

2004 年以来，ETF 和 LOF 相继推出，两者从发行方式、申购赎回机制到投资取向、运作方式、获利机制等方面都较之前的封闭式、开放式基金具有本质区别，在产品设计和交易方式上实现了极大突破，这也是中国证券市场上首次由两个交易所直接推动诞生的基金产品。

↑ 2004 年 8 月 24 日，国内首只 LOF 基金——南方积极配置基金公开发售。该基金采用柜台场外认购和交易所场内认购两种方式，投资者可以通过南方基金公司直销网点，工商银行、交通银行、深圳发展银行 (现为平安银行) 及华泰证券等代销机构网点进行认购；也可以利用深交所股东代码卡或基金账户卡，采用与现行认购新股相同的方式进行认购。

↑ 2004 年 12 月 30 日，国内首只 ETF——华夏上证 50ETF 设立，首发规模 54.35 亿元。

→ 2005 年 2 月 23 日，上海证券交易所理事长耿亮（左）与时任华夏基金总经理范勇宏（右）共同敲响境内首只 ETF 上市锣声。

← 2005 年 8 月 8 日，国内首只资源类行业基金（LOF）——巨田资源优选混合型证券投资基金正式发售，这也是深交所于放式基金场内申购赎回业务实施后发行的首只 LOF 基金，后因公司名称变更，产品名称变更为"大摩资源优选混合基金"（LOF）。

↓ 2006 年 5 月 22 日，华夏基金与深圳证券交易所、中国建设银行联合推出的中小企业板交易型开放式指数基金正式发行，国内商业银行首次全面参与发行 ETF 基金。图为 5 月 18 日该基金新闻发布会现场。

← 2010 年 2 月 2 日，国内首只跟踪深圳成分指数的指数基金——南方深证成分指数ETF基金在深圳证券交易所挂牌上市。图为南方基金管理公司总经理高良玉致辞。

↑ 2009 年 8 月 28 日，国内首只联接基金——华安上证 180 ETF 联接基金公开发售。该基金主要通过投资于华安上证 180ETF 以求达到投资目标。图为该基金新闻发布会现场。

← 2010 年 8 月 9 日，国内首只按照社会责任投资理念进行投资运作的被动式基金——建信上证社会责任 ETF 基金上市仪式在上海证券交易所举行。

图为建信基金管理公司董事长江先周正在敲响该基金上市锣声。

↑ 2010 年 11 月 26 日，国内首只跟踪大宗商品股票指数的 ETF 产品——国联安上证大宗商品股票 ETF 募集成立。

↑ 2011 年 3 月 7 日，国内首只专注于投资新兴产业的 ETF——诺安基金公司上证新兴产业 ETF 及联接基金获批公开发售。

← 2011 年 9 月 2 日，鹏华深证民营 ETF 及联接基金成立，鹏华基金公司专注于开发民营企业主题的特色 ETF，不仅实现了沪深两市民营主题 ETF 产品之间的跨市场联动，而且为投资者提供了一揽子买入两市具有竞争力民营企业的有效工具。

← 2011年9月20日，国内首只投资上证380指数的基金产品南方上证380交易型开放式指数基金(ETF)及联接基金正式成立。

↓ 2012年5月28日，国内首只T+0跨市场ETF——华泰柏瑞沪深300交易型开放式指数基金在上海证券交易所挂牌上市。该基金首次募集资金高达329亿份，成为自2007年以来首募规模最大的ETF基金。

↑ 2012 年 7 月 9 日，景顺长城上证 180 等权重 ETF 在上海证券交易所正式挂牌上市。

↑ 2012 年 10 月 22 日，国内首只跨境 ETF 基金——华夏恒指 ETF 在深圳证券交易所挂牌上市。图为深圳证券交易所副总经理邹胜（右六）与华夏基金总经理滕天鸣（右五）等人在仪式上合影。

QDII 基金

2007 年 6 月，中国证监会颁布《合格境内机构投资者境外证券投资管理试行办法》及相关通知，标志着国内基金公司 QDII 产品正式起航。QDII 基金的推出，实现国内国际证券市场的接轨，使得证券市场更加合理和公平。

↑ 2006 年 9 月 13 日，国内首只试水海外 QDII 基金——华安国际配置基金在境内发行。在经历了雷曼倒闭、暂停赎回等重重风波之后，于 2011 年 11 月 2 日正式终止，该基金平稳谢幕。

↑ 2007 年 7 月，华夏基金获得中国证监会正式批复，获准开展境外证券投资管理业务（QDII）。10 月 9 日，华夏基金首只 QDII 基金——华夏全球精选股票基金成立。图为 2007 年 8 月，华夏基金获得首批 QDII 业务资格新闻发布会。

↑ 2007 年 9 月 2 日，国内首只股票类 QDII 基金——南方全球精选配置基金新闻发布会在北京举行。该基金获批发行，标志着中国基金业全面吹响进军国际投资业号角。

↑ 2008年4月19日，银华基金管理公司在北京召开旗下首只QDII基金——银华全球核心优选基金募集新闻发布会。

↑ 2009年3月26日，国泰基金公司总经理金旭（前排中）等出席了纳斯达克的敲钟仪式，正式宣告国泰基金与纳斯达克OMX集团合作开启，这也是国内首家基金业者在美国出席敲钟仪式。

← 2010 年 9 月 15 日，国内首只投资全球市场的债券型基金——富国全球债券证券投资基金正式公开募集。该基金为基金中的基金 (FOF)，在全球范围内精选债券型基金，构建优质基金组合。该基金面市填补了海外债券市场投资的空白。

→ 2010 年 11 月 8 日，国内首只专注投资金砖四国的LOF——信诚金砖四国积极配置基金正式发行。该基金将通过对金砖四国各地区间的主动积极配置，追求基金资产的长期稳定增值。

其他创新基金

15 年来，基金产品创新主导着我国基金业的发展历程，为行业发展提供了持久的动力。总体而言，我国基金产品创新以国际借鉴为主，并偏重于基金产品链的完善以及基金品种的不断丰富，以满足不同风险、收益、流动性偏好和不同类型的投资者需求，并在积极参与不同市场投资的同时推动相关市场的创新和发展，为基金创新营造更好的市场氛围。

← 2003 年 4 月 28 日，国内首只伞形基金——招商安泰系列开放式证券投资基金募集设立，这也是国内首只由合资基金管理公司推出的基金。图为该基金新闻发布会现场。

伞形基金是基金的一种组织形式，在一个母基金之下设立若干子基金，各子基金依据不同投资目标和投资方针进行独立的投资决策，且子基金间可根据规定程序进行转换。

→ 2003 年 6 月 27 日，国内首只保本基金南方避险增值基金宣告成立，该基金通过避险机制和担保人制度，给投资者本金提供双重保险，并有机会获得超过银行存款利率的投资收益。图为该基金招募说明书。

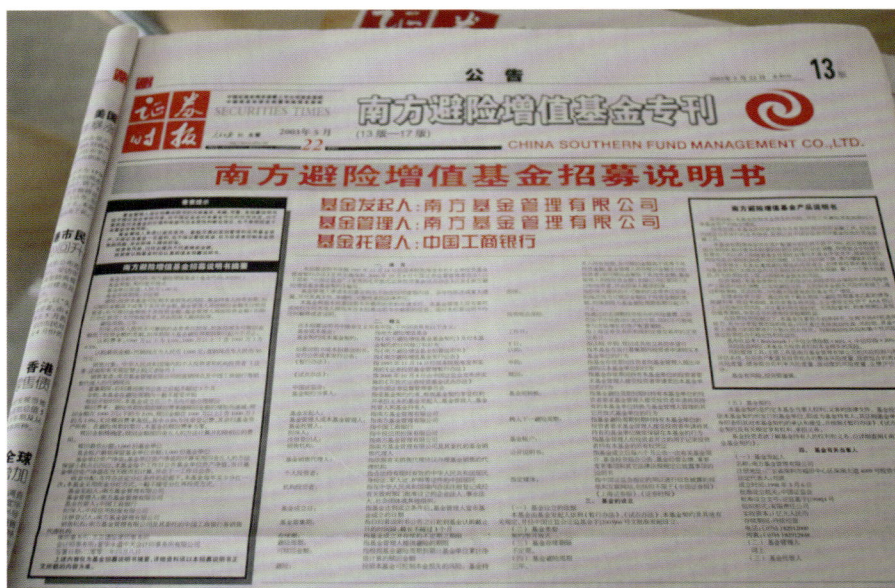

← 2010 年 3 月 26 日，银华基金"分级基金创新与发展研讨会暨银华深证 100 指数分级基金发行新闻发布会"在北京召开。图为银华深证 100 指数分级基金经理周毅在介绍该基金。

→ 2006 年 4 月 10 日，国内首只生命周期投资概念的基金产品汇丰晋信 2016 生命周期开放式证券投资基金获批发行。该基金股票类资产投资比重最高上限为 65%，逐年递减，越接近目标期限 (2016 年) 风险越低。

← 2010 年 12 月 9 日，"金财富新基金"黄金投资研讨会暨诺安黄金基金新闻发布会在深圳召开，宣告国内首只黄金基金正式推出。按照基金合同，该基金将不低于 80% 的资产将投资于有实物黄金支持的交易所基金。

→ 2012 年 8 月 10 日，天弘基金管理有限公司发起设立国内第一只发起式基金——天弘债券型发起式基金，公司运用固有资金认购 1 000 万元并承诺锁定三年，体现和百姓利益共享，风险共担。图为该基金新闻发布会现场。

← 2012 年 8 月 28 日，国金通用基金管理公司国鑫发起式基金正式成立。图为该基金管理公司领导和员工在上海签署认购该基金的承诺函现场。

↑ 2013 年 6 月 17 日，天弘基金与支付宝召开新闻发布会，共同宣布国内首只互联网基金——天弘增利宝货币基金正式在支付宝上线，打开了第三方电商平台与金融企业合作的通道，对基金营销体系的拓展、变革具有重大意义。

→ 2013 年 6 月 24 日，国内首批黄金 ETF 华安黄金易（ETF）获批正式发行。该基金的推出，标志着股票市场和黄金市场从此打通，其较低的门槛让众多投资者都能参与到黄金投资中来，以分享未来金价上涨的收益。

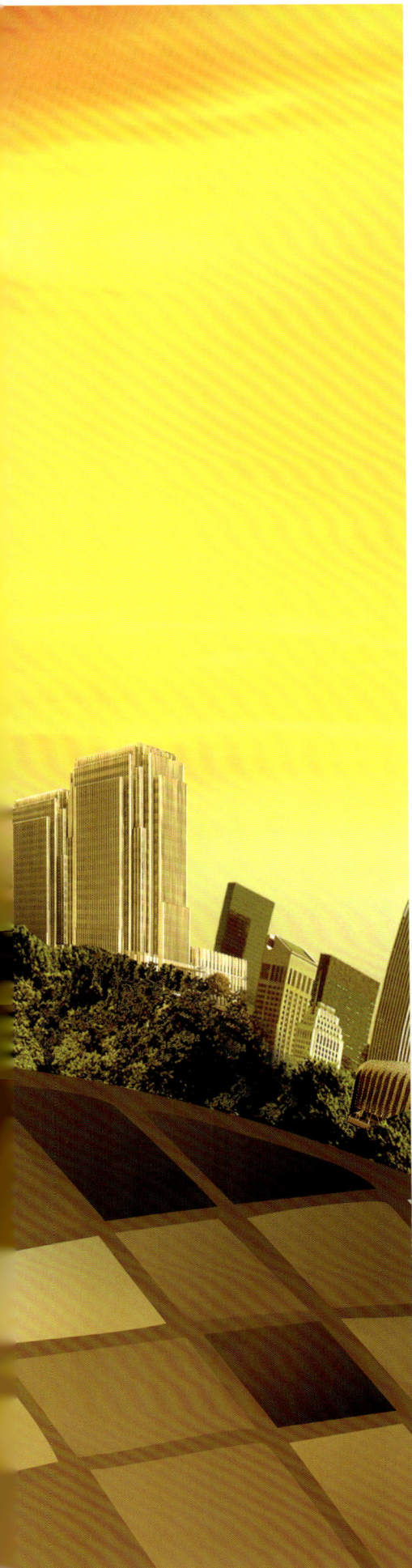

国际**业务**篇

International Business

走出去，天地更宽阔。过去 15 年发展，中国基金业的国际化探索取得了可喜成就。

2002 年 6 月 1 日，中国证监会颁布《外资参股基金管理公司设立规则》。同年 12 月 27 日，境内第一家中外合资基金管理公司——招商基金管理有限公司成立，拉开了中国基金业走向国际化的步伐。随着中国金融国际化进程的推进，中国基金业有了更为广阔的发展天地。海外子公司成立、QDII 多样化出海、QFII 投顾业务稳中有升、RQFII 开闸，俨然成为基金业的新气象。"国际化、全能型"的资产管理公司将成为基金行业未来发展的奋进目标。

↑ 2001 年 2 月 13 日，富国基金管理有限公司与加拿大蒙特利尔银行在北京举行合作协议签字仪式。加拿大总理让·克雷蒂安、加拿大驻华大使以及中国证监会有关领导等出席了签字仪式。

↑ 2003 年 9 月 29 日，交通银行和日兴资产管理公司联合宣布，日兴资产管理有限公司将设立相关的人民币国债母基金，投资中国国债。这是外资首次以基金形式进入 QFII，对于中国证券市场进一步开放具有非常重要的意义。

→ 2004 年 5 月 11 日，首批合资资产管理公司华宝兴业基金管理公司推出旗下首只华宝兴业多策略增长开放式证券投资基金。图为公司副总经理 Denis 在福州推介会介绍该基金相关情况。

← 2005 年 9 月 19 日，以诺贝尔经济学奖得主、欧元之父——罗伯特·蒙代尔教授命名的第二届世界经理人成就奖在北京揭晓，申万巴黎基金管理公司董事长姜国芳等 100 位杰出的经理人获此项殊荣。

→ 2005 年 9 月 26 日，华安基金 QDII 外方顾问走访中国证监会相关领导。

← 2006 年 6 月 22 日，华安基金召开 QDII 评审会。

↑ 2007 年10 月15 日，上投摩根基金管理公司旗下首只QDII 基金上投摩根亚太优势基金正式发行，当日有效认购申请金额1162.6 亿元人民币，成为中国基金史上首只认购金额突破千亿元的基金产品。

↑ 2008 年6 月9 日，世界银行金融和法律专家组一行四人到访华夏基金管理公司。华夏基金副总裁张后奇在华夏基金总部接待了世行专家组，并向专家组概括介绍了中国证券市场的发展历程以及十年来基金业取得的巨大进步。

← 2008 年7 月7 日，南方基金公司获得中国证监会批准，以合资的方式设立香港分公司——南方东英资产管理有限公司，从而成为第一家走向海外的内地基金管理公司。南方东英的成立标志着中国基金业向海外发展迈出了第一步。

↑ 2007 年 10 月 11 日，中法基金业高层论坛在北京召开。时任中国证监会主席尚福林（右三）、法国金融市场监管委员会主席普拉达（右二）、中国证监会副主席桂敏杰（演讲者）、法国资产管理协会主席勒克莱尔（左二）、中国证券业协会会长黄湘平（右一）和中法基金业高管出席会议。

↑ 2008 年 11 月 6 日，荷兰阿姆斯特丹市长到访兴业全球基金管理公司。图为公司总经理杨东（左二）与嘉宾合影留念。

↑ 2010年11月25日，海富通基金管理公司香港全资子公司海富通资产管理(香港)有限公司获批成立。

↑ 2010年6月，境内首只重点投资澳洲市场的基金汇添富亚澳成熟市场优势精选基金正式发行。汇添富基金公司携手西澳大利亚州旅游局同步发起举办 QDII 基金首次跨界营销活动"2010汇添富澳洲财富发现之旅"。

→ 2011 年 10 月 26 日，境内首只投资美国房地产信托凭证（REITs）的基金——鹏华美国房地产证券投资基金获准发行，该基金主要投资于美国上市的 REITs。

↓ 2012 年 4 月 25 日，光大保德信基金管理公司举办"全球投资与中国机遇"——光大保德信及保德信国际投资全球金融市场媒体说明会。

↑ 2012 年 7 月 17 日，由华夏基金（香港）有限公司推出的全球首只人民币合格境外机构投资者（RQFII）A 股 ETF——华夏沪深 300ETF 在香港联合交易所挂牌上市。图为香港财经事务及库务局局长陈家强教授（左六）、香港证监会副行政总裁张灼华女士（右六）与华夏基金（香港）董事长范勇宏（中）等人在仪式上合影。

↑ 2012 年 11 月 3 日，兴业全球基金管理公司董事长兰荣、总经理杨东等一行人前往荷兰参观证券交易所。

→ 2013 年 2 月 27 日，南方基金香港子公司南方东英推出的 RQFII 富时 A50ETF 在东京证券交易所正式挂牌交易。

市场服务篇
Market Services

　　市场服务是基金公司的灵魂，更是基金行业持续稳健发展的法宝。过去 15 年，中国基金业不断改善服务理念，改进服务方法，完善服务技能，以服务取信于持有人。

　　重视客户体验是基金业服务客户的核心。客户体验包括客户的盈利体验，投资理念沟通，产品营销，心理抚慰等多种形式。在泛资产管理新时代，中国基金业将进一步拓展服务理念与手段，借助各种先进的传播工具，将金融服务送到持有人身边，送到持有人心中，以理念取胜，以细节制胜。

▶ 业务拓展

↑ 2005年8月2日，劳动和社会保障部发布通告，宣布15家公司投资管理人名单。海富通基金、华夏基金、南方基金、易方达基金、嘉实基金、招商基金、富国基金、博时基金和银华基金9家基金管理公司首批获得企业年金基金管理机构资格。

↑ 2006年12月30日，中国工商银行与中国国电集团在北京签署企业年金基金托管协议。

↑ 2007 年 8 月 20 日，中国工商银行副行长张福荣出席东风汽车公司企业年金基金托管协议签字仪式。

↑ 2008 年 12 月 24 日，中国工商银行副行长李晓鹏与中石油总会计师王国樑签署企业年金基金托管合同。

中国基金业发展掠影 (1998～2013)

↑ 2006年4月18日,南方基金管理公司与马钢正式签订企年金委托投资管理合同。

↑ 2007年12月，中国民生银行举办企业年金同业合作签约仪式。

102

← 2008 年 11 月 19 日，中国民生银行在杭州举办太平民生智胜年金产品发布会。

→ 2009 年 4 月 20 日，全国社保理事会理事长一行考察南方基金管理公司。

← 2010 年 4 月 16 日，博时基金管理公司举办 2010 年企业年金投资研讨会。

→ 2011年3月17日，东风汽车公司在武汉举行企业年金投资管理合同签约仪式。图为东方汽车公司副总经理、企业年金理事会理事长李绍烛与中信证券股份公司总经理杨宝林、易方达基金管理公司首席市场官高松凡在合同上签字。

← 2011年11月11日，海富通基金管理公司在贵阳召开企业年金与专户管理交流峰会。

→ 2012年3月16日，万家基金管理有限公司举办特定客户资产管理业务首单签约仪式。

▶ 营销创新

← 2004 年 8 月 28 日，南方基金主办以"南方基金之夜"命名的王菲"菲比寻常"北京演唱会，在演唱会现场播放南方基金宣传片。这是基金行业首次推出的跨界营销。

↑ 2009 年 10 月 16 日，由鹏华基金管理公司冠名的"嘻哈包袱铺"相声剧在深圳首场演出，将与渠道互动的内容植入相声剧，这是国内基金营销创新活动的又一新尝试。

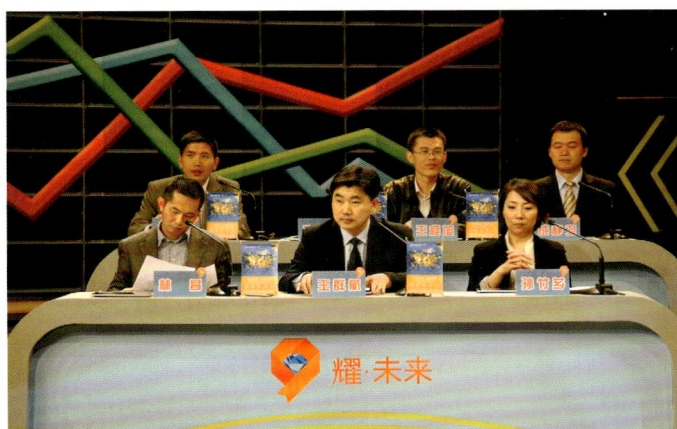

← 2011 年 2 月 19 日，光大保德信基金管理公司举办业内首创的创意营销活动"基金耀达人"。图为第一季电视总决赛现场。

← 2011 年6 月27 日，鹏华基金成功开发iPhone 应用终端，并成功登录APP Store，成为国内率先推出移动基金服务平台的基金管理公司之一。

↑ 2012 年2 月15 日，富国指数增强子品牌发布会暨"超越"系列微电影首映礼在北京举行。这是国内基金业推出的首部"超越"系列微电影，实现了基金营销方式的又一种创新。

▶ 行业交流

← 2003 年 8 月 22 日，由招商基金管理公司主办的"货币市场基金高级研讨会"在山东举办。

→ 2004 年 11 月 10 日，招商银行在北京举办"商业银行改革创新与基金业发展高峰论坛"。

← 2004 年 12 月 3 日，东吴基金管理公司和中国工商银行、上海证券报共同主办"2004 年博鳌财富论坛"。

← 2006 年 1 月 13 日，由《中国证券投资基金年鉴》发起主办"中国证券投资基金业年会"。该年会已经连续举办了八届，成为目前国内基金行业影响力较大的行业会议之一。图为 2013 年第八届基金业年会现场全景。

→ 2006 年 7 月 14 日，中国证监会、上海证券交易所、中国证券投资者保护基金有限责任公司、国联安基金管理公司联合举办"中国公司治理指数国际研讨会"。

← 2008 年 7 月 8 日，全景网与深圳证券信息公司共同举办第二届基金投资者网上接待日。

← 2008 年 6 月 13 日，由上投摩根基金管理公司主办的"2008 上投摩根国际资产管理行业发展趋势论坛"在上海召开。

→ 2009 年 9 月 24 日，博时基金管理公司在上海举办"2009ETF 与量化投资论坛"。

↑→ 2010 年 9 月 17 日，由《中国证券投资基金年鉴》主办的"中国基金营销拓展研讨会"在北京香山召开。同时还举行《商业银行客户经理基金销售实用手册》首发仪式。

← 2009 年 11 月 12 日，国海富兰克林基金 5 周年论坛——"后危机时代"的全球金融与中国机会在北京召开。图为全国人大财经委副主任委员吴晓灵进行主题演讲。

← 2009 年 10 月 15 日，东吴基金管理公司举办"新经济财富论坛"。图为经济学家哈继铭演讲。

→ 2010 年 3 月 23 日，国联安基金管理公司和深圳证券交易所联合举办场内基金业务培训会。

↑ 2010 年 7 月 27 日，博时基金管理公司携手标准普尔举办"机构投资者：全球经济展望与指数化投资最新趋势高峰论坛"。

↑ 2011 年 1 月 11 日，中央电视台财经频道与国投瑞银基金管理公司联合发布"2011 中国资本年度报告"。

↑ 2011 年 5 月 26 日，第五届富国论坛在上海召开，这是国内基金管理公司唯一一个连续举办五届的高端论坛。

↑ 2011 年 12 月 2 日，第十届中国证券投资基金国际论坛在深圳召开。在本届会上，该论坛被正式挂牌为永久性论坛。

↑2012年11月21日，由《中国证券投资基金年鉴》主办、通力律师事务所协办的2012基金管理公司突围发展圆桌会在北京香山举办。

←2012年6月19日，中央电视台财经频道与建信基金管理公司等六家机构在北京就央视财经50指数的开发授权签署协议。图为建信基金总经理孙志晨（左一）在现场签约仪式上合影。

→2012年6月27日，广发基金管理有限公司参加在广州举办的首届中国（广州）国际金融交易·博览会。

▶ 投资者服务

↑ 2003 年 12 月 4 日，博时基金管理有限公司推出"博时基金大学"。图为揭幕仪式现场。

↑ 2006 年 10 月 17 日，广发基金管理公司在南京举办主题为"迈进蓝筹新时代"的投资策略巡回报告会。

← 2007 年 4 月 12 日，上海证券报基金大学在中信建投证券营口路证券营业部挂牌。

→ 2007 年 7 月 21 日，中国基金投资者服务巡讲大型公益活动新闻发布会在北京召开。

← 2007 年 10 月 28 日，泰信基金管理公司携手湖南卫视栏目"财富非常道"栏目共同举办投资者教育活动。图为上海站活动现场。

← 2007～2008 年，在上海证监局的指导下，由东方财富网承办的"上海基金业投资者教育系列活动"在上海举办。图为"2008 走近基金系列活动"主题沙龙的活动现场。

→ 2008 年 4 月 26 日，正值华夏基金管理公司成立十周年之日，公司邀请了投资者共庆十周年生日。

← 2008 年 4 月 26 日，南方基金管理有限公司联手《中国证券投资基金年鉴》启动"彩虹之旅"投资者服务巡讲活动。图为该活动闭幕新闻发布会现场。

← 2008 年 8 月 15 日，浦银安盛基金管理公司联手中国工商银行在上海举办"我陶我快乐"理财夏令营，一批年龄在 5 岁到 17 岁的孩子及其家长受邀参与活动。

→ 2008 年 10 月 27 日，汇添富基金管理公司举办"投资者走进汇添富"活动，邀请基金持有人与公司管理层、基金经理等互动，帮助投资者建立正确的投资理念。

← 2009 年 3 月 26 日，长盛基金管理公司成立 10 周年，邀请投资者同庆。

→ 2009 年 6 月 4 日，广东证监局推出"广东辖区基金定投投资者教育宣传周"活动。

← 2009年6月6日，交银施罗德基金管理公司举办南京深度环省行活动。图为基金经理史伟为投资者现场答疑解惑。

→ 2009年7月21日，在上投摩根夏令营开营仪式上，时任上投摩根副总经理傅帆（左三）代表上投摩根领导出席开营仪式并致辞，并深入浅出地向小朋友们讲解了积累知识、积累财富的有趣故事。

← 2009年11月20日，中银基金举办投资者开放日活动。

← 2010 年 10 月 30 日，国投瑞银基金"安心投资——健康生活"走进苏州。图为活动现场场景。

→ 2011 年 3 月 12 日，《中国证券投资基金年鉴》联手基金管理公司、商业银行共同启动"2011年中国基金投资者服务巡讲大型公益活动暨纪念中国开放式基金10 周年特别活动"。图为上海站活动嘉宾合影。

↑ 2011 年 4 月 15 日，南方基金管理公司客户走进南方基金公司，全面了解基金管理公司。

→ 2011 年 8 月，华泰柏瑞基金与上海青年报社联合举办"我是小小艺术家"暑期财商夏令营活动。

← 2011 年 6 月 19 日，由华泰柏瑞基金、上海证券交易所等联合承办的"我是爱心达人——关爱自闭症公益慈善活动"在上海 96 广场举办。

→ 2011 年，广发基金启动"心桥之旅，走进上市公司"活动，携手基金持有人走进上市公司，与企业高管、行业专家及广发基金研究员进行深入交流。图为 12 月 16 日走进上市公司富安娜活动现场。

↑ 2011 年 7 月 30 日，摩根士丹利华鑫基金管理公司承办建行·中证报 "金牛" 基金系列巡讲活动广州站，公司多位专业人士与投资者就当前市场、投资策略等相关问题进行交流分享。

↑ 2012 年 3 月 5 日，国联安基金参加上海证券期货基金业 "学雷锋" 志愿服务活动，热情为投资者解答问题。

社会**责任**篇
Social Responsibility

　　积聚正能量，这是中国基金业践行社会责任最集中的写照。作为一个年轻的行业，中国证券投资基金业在社会责任的理念和实践中取得了引人瞩目的成就。"履行社会责任"在中国证券投资基金业的发展历程中，不仅仅是一句口号，更是实实在在的努力与付出。

　　中国证券投资基金业履行社会责任的活动惠及教育、环保、扶贫、抢险救灾等方方面面。行业机构和从业者点点滴滴的努力，最终汇聚成一股真挚感人的行业正能量。

　　在践行社会责任的道路上，年轻的中国基金业正在前行。

▶ **赈 灾**

↑→ 2008 年"5·12"四川汶川地震发生后，华夏基金管理公司和员工及时向灾区捐款捐物总计超过 350 万元，其中包括 80 万册《地震灾害心理救助手册》以及大量灾区急需防暑降温用品。

← 2008 年5 月14 日，银河基金管理有限公司员工为四川地震灾区捐款。

← 2008 年 5 月 13 日，富国基金管理公司通过上海市红十字会向四川灾区捐赠 100 万元，支持抗震救灾。

↑ 2008 年 5 月 25 日，四川汶川地震后，泰达宏利基金公司副总经理傅国庆率领公司志愿者第一时间赶赴灾区看望灾区儿童。

→ 2008 年初，万家基金管理公司向上海市慈善基金会徐汇分会一次性捐款 20 万元，专款用于慰问因雪灾而滞留于上海铁路南站的旅客以及坚守在第一线的铁路工作人员。

→ 2008 年 1 月 29 日，时任广发基金董事长马庆泉（右）代表该公司向广东省红十字会捐款 50 万元，用于春运期间因雪灾而滞留的旅客的健康救助工作。

← 2008 年 12 月 10 日，广发基金管理公司举办爱心捐赠仪式，关注地震灾区孤寡老人活动。

← 2008 年 2 月 19 日，泰信基金管理公司向雪灾灾区困难群众捐款 20 万元，支援灾区重建。

↑→ 2009 年 4 月 22 日，中银基金员工赴四川地震灾区开展为期半个月"5·12"周年纪念活动，向灾区学校捐赠图书，同时看望灾区持有人家庭。

↑ 2010 年 3 月 3 日，中海基金在地震灾区都江堰天马中学设立"中海基金爱心书吧"。

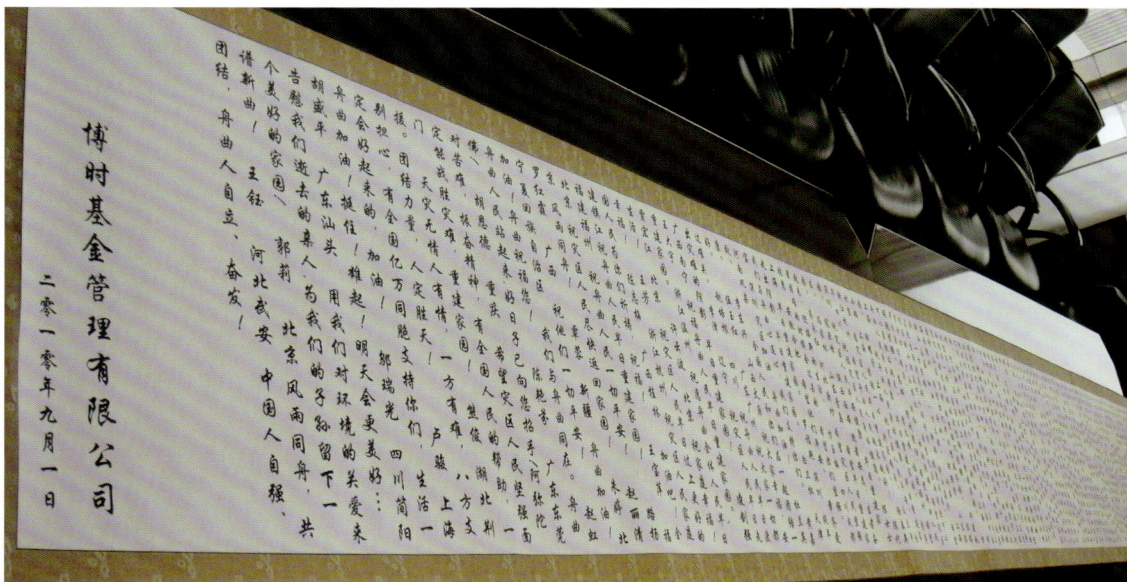

↑ 2010 年 8 月 20 日，甘肃甘南藏族自治州舟曲县泥石流灾害发生后，为支援灾区的救灾善后工作，博时基金及全体员工通过博时慈善基金会向甘肃省红十字会捐出赈灾款项 30 万元。图为博时基金捐赠的舟曲长卷。

↑ 2010 年以来，我国西南地区持续干旱。东吴基金向旱灾严重的四川攀枝花仁和区大龙潭彝族乡捐赠纯净饮用水近万瓶。

↑ 2010 年 5 月 27 日，汇添富基金联合中国人口福利基金会发起的"添富幸福书屋"活动正式启动。本次"添富幸福书屋"由汇添富设立的上海汇添富公益基金会捐资 30 万元，将用于在青海省的 100 所学校内设立图书馆。

↑ 2010 年 12 月 10 日，"建信基金——新丰中学希望工程捐赠项目签约仪式"在四川省广汉市新丰中学举行，建信基金为在"5·12"地震中受灾的新丰中学提供总额 30 万元的捐助。

▶ 扶 贫

→ 2008 年北京奥运会期间，华夏基金联合搜狐网举办"用爱心温暖 2008"公益捐赠活动，为全国 29 个省的部分贫困家庭捐赠电视，帮助他们共享奥运盛事。

← 自 2007 年开始，泰达宏利与辽宁省教育基金会合作，由员工自发资助贫困学生。图为泰达宏利首席市场官李琦与资助的学生在一起。

← 2007 年 5 月 20 日，申万菱信（原申万巴黎）基金捐款 20 万元，成立上海市造血干细胞捐献志愿者行动发展基金的第一批启动资金。图为 2009 年该集中活动周启动仪式现场。

← 2009 年 9 月 23 日，广发基金管理公司举办"送一双运动鞋给山区的孩子"献爱心活动，向贫困山区广东省和平县合水广发希望小学捐赠 83 214 元。

↑ 2009 年春节前，银华基金公司发动全体员工为"太阳村"儿童捐款近 20 万元，用于资助建造河南太阳村"银华爱心小屋"以及太阳村——银华爱心林。

↑ 2009 年 7 月 14 日，海富通基金持有人志愿者代表与海富通公司员工、"根与芽"志愿者一行 30 余人，前往位于革命老区安徽省大别山区金寨县天堂镇的杨山村小学开展扶贫支教活动，并向学校捐赠了一批课桌椅、办公桌椅、电扇、黑板、文具、教具、打印机等教学物资。

▶ 助 教

← 2007 年 9 月 7 日，国泰基金在北京举行"红蜡烛助教计划"启动仪式暨新闻发布会，宣布红蜡烛计划正式启动。该项公益助教活动持续运作 4 年，已经成为国泰基金的一种传统，并逐年发扬光大。

↑→ 2008 年 4 月 9 日，汇添富基金管理有限公司和第一财经日报联合主办"河流与孩子——汇添富怒江两岸助学计划2008 项目启动仪式"在上海举行。该项公益助学计划帮助西部贫困乡村提高教育水平，目前已经捐建了"添富小学"和"添富图书室"、设立了"添富之爱"助学奖教金，组织乡村教师培训。

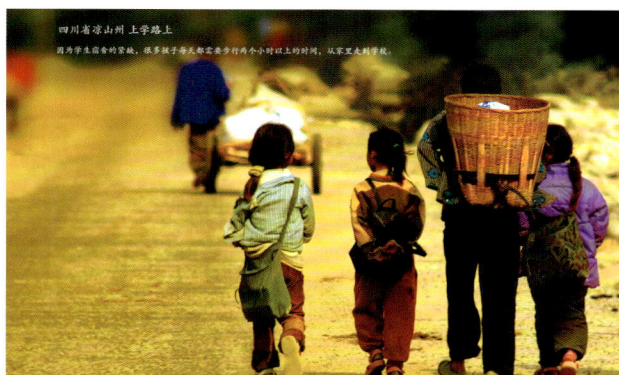

↑ 自 2006 年 11 月开始，兴业全球基金公司公益活动逐渐深入到助学助教、文化扶持等领域，包括援资建乡村学校；资助贫困学生；培训并奖励优秀乡村教师，为贫困山区的孩子们提供学习用品及课桌椅、电脑、文体、音乐用品，建造因地震而倒塌的学校设施等。

↑ 2009 年 4 月 10 日，中海基金工作人员及部分基金持有人一行 26 人来到上海闵行区民办弘梅小学举行中海基金"十年树木，百年树人"环保·助学系列活动之一的"关注流动花朵、共享一片蓝天"公益活动。

← 2006 年 9 月 19 日，建信基金管理公司在北京大学启动"关爱莘莘学子"公益助学活动，用公司的经营收入和员工捐款分别设立"北京大学建信基金爱心助学金"和"北京大学建信基金优秀学子奖学金"，这是国内基金业发起的首次公益助学行动。

↑ 2008 年 11 月 27 日，"建信金色助学计划"——华南理工大学奖助学金发放仪式在华南理工大学举行。

2009 年 10 月 27 日，"建信金色助学计划新疆财经大学公益助学活动"启动仪式在新疆财经大学举行。

← 2009 年 5 月 25 日，宝盈基金出资建设的云南省泸西县永宁乡宝盈希望小学正式挂牌。

← 2007 年 12 月 19 日，"音乐伴我 稳健成长——南方基金 &KUKE 数字音乐图书馆进校园"主题公益活动在北京启动。该活动计划在未来一年时间里，南方基金向全国 100 所高等院校赠送为期一年的 KUKE 数字音乐图书馆通道使用权。

→ 2009 年 5 月 6 日，泰达宏利（原泰达荷银）基金"有爱有未来"公益系列活动启动。图为捐赠仪式现场。

↑ 2010 年 3 月 15 日，广发基金向云南省临沧市凤庆县平村麦地小学提供捐赠。图为捐赠仪式现场。

← 2009 年 6 月 17 日，"中银基金·汇之星——名人理财启示录"活动在上海举行。中银基金向上海市慈善基金会捐赠善款。图为上海慈善基金会向中银基金与上海汇之星授予捐赠证书。

↑ 2010 年 3 月 2 日，万家基金对西藏林芝县完全小学进行捐助，捐助物品有图书和体育用品。在完全小学新校舍里成立了"万家基金管理有限公司希望图书角"。

→ 2010 年 11 月 29 日，广发基金管理公司在云南水富县太平乡举办"广发图书室"赠书活动，本次活动共捐赠图书 3 000 余册、电脑 2 台和一批学习用品，价值 6 万余元。图为参加广发图书室慈善活动人员和学校师生合影。

↑ 2009 年 12 月 30 日，由华夏基金员工发起的"华夏人慈善基金会"成立。基金会以"促进人的发展与环境和谐"为宗旨，是华夏基金开展公益事业、践行社会责任的平台。

↑ 2010 年 5 月 22 日，光大保德信基金捐资 100 万元，成立光大保德信"耀·未来"慈善专项基金。

→ 2011 年 12 月，光大保德信基金"耀·未来乡村支教活动"来到重庆。

↑ 2010 年 6 月 24 日，泰信基金践行社会责任报告会暨"援藏助学"义卖活动启动仪式正式在公司总部拉开帷幕。

← 2010 年 9 月，信诚基金管理有限公司正式启动"您为自己孩子办一份定投，我们给山区孩子捐一本书"公益活动，旨在为偏远地区的中小学生募集课外读物，满足山区孩子对知识的渴求。

→ 2010 年 11 月 18 日，国投瑞银大学生"调研三农 创富家乡"公益扶持首期计划圆满收官，来自全国 10 所高校的 29 个大学生调研团队不负众望，摘得奖项而归。

→ 2011 年 4 月 17 日，由国投瑞银基金管理公司员工捐助的广西龙胜爱心桥落成。

← 2012 年 4 月 26 日，国金通用基金管理公司与怀柔镇张各长小学共建暨爱心助学捐赠仪式在怀柔镇张各长小学举行。此次活动共捐赠图书 2 000 册，文具100 套，价值 4 万余元。

↑ 2012 年 5 月 31 日，银河基金公司员工代表奔赴四川会理县，看望老街乡沙坝小学的孩子们，带去儿童节的祝福和礼物。

▶ 环 保

↑ 2008 年 8 月，海富通和《21 世纪经济报道》以及国际环保组织"根与芽 Roots & Shoots"联手，启动了"绿色与希望橄榄枝"公益环保活动。连续 5 年参与内蒙古通辽市库伦旗"百万森林"项目，捐建"海富通基金绿色与希望公益林"。

↑ 2010 年 5 月15 日，10 名幸运的易方达网上交易客户受邀免费参与绿色地球、低碳骑行——易方达网上交易 Bike（拜客）环保行动。

↑ 2012 年 4 月 7 日，信达澳银基金管理有限公司深圳员工在深圳湾公园参加植树活动。

↑ 2012 年 4 月 15 日，建信基金管理公司携手中国绿化基金会组织的"重返金山岭 再续绿色缘"植树活动再次走进河北金山岭长城附近的滦平县巴克什营林场。本次活动，建信基金再次捐赠 50 000 元用于植树活动。

↑ 2011 年 10 月 29 日，交银施罗德基金在上海举办 "'阳光使者'爱心基金会系列活动——关注自闭症儿童"。希望通过公开的活动和宣传，让社会大众了解这一群体，给予他们更多的成长空间和关爱。

↑ 2012 年 4 月 7 日，万家基金管理公司开展关爱脑瘫儿童活动。

↑ 2012 年 6 月 27 日，基金业首个以"环保"为主题的公益基金会——上海富国环保公益基金会的首期环保活动以"低碳走进陆家嘴"为主题，在上海陆家嘴花旗集团大厦举行。

↑ 2012 年 12 月 16 日，鹏华基金携手 160 名鹏华基金持有人、渠道代表、媒体代表等参与"为爱奔跑壹基金 2012 深圳（盐田）山地马拉松赛"。

法制建设篇
Legal Construction

　　法制是魂。自发展初期，中国基金业就高度重视规范化、法制化建设。基金业肩负为千千万万持有人理财的重任。偏离了法制化的轨道，基金业就失去了前进的方向，也失去了基金业赖以生存的基础——诚信。

　　经过15年发展，中国证券投资基金业已经建立了以《证券投资基金法》为核心，十几项部门规章为主体以及近百个规范性文件相补充的监管法律体系。在很大程度上，法制建设为中国证券投资基金业的健康发展注入了强大的动力。中国基金业所取得的辉煌成就离不开制度的进步。

CSRC

中国证券监督管理委员会
CHINA SECURITIES REGULATORY COMMISSION

公　告
OFFICIAL BULLETIN
（1997 年第 11 期）

国务院证券委员会
关于发布《证券投资基金管理
暂行办法》的通知

1997 年 11 月 14 日　证委发〔1997〕81 号

各省、自治区、直辖市、计划单列市人民政府，国务院各部委、各直属机构：
　　为了加强对证券投资基金的管理，保护基金当事人的合法权益，培育证券市场机构投资者，促进证券市场健康、稳定发展，根据国家有关法律和规定，国务院证券委员会制定了《证券投资基金管理暂行办法》，并经国务院批准，现予发布。
　　附件：证券投资基金管理暂行办法

← 1997 年 11 月 14 日，国务院证券委员会颁布《证券投资基金管理暂行办法》，确立了我国规范化、契约型证券投资基金业基本的法律规范与制度框架。

新　闻　稿

基金行业自律十条发布实施

1999 年 12 月 30 日

　　近日，为促进证券投资基金行业的健康、稳定发展，加强证券投资基金的行业自律，10 家基金管理公司和 5 家商业银行基金托管部共同达成了《证券投资基金行业公约》。

　　（正文略）

附：

证券投资基金行业公约

　　为促进证券投资基金行业的健康、稳定发展，加强证券投资基金的行业自律，经依法批准设立的基金管理公司和依法核准的商业银行基金托管部共同商定，订立《证券投资基金行业公约》，供全体成员相互监督，共同遵守。
　　第一条　严格遵守《中华人民共和国证券法》、《证券投资基金管理暂行办法》等法律、法规以及中国证监会的有关规定。
　　第二条　坚持"公平、公正、公开"的原则，维护基金持有人的利益，促进证券市场的健康、稳定发展。
　　第三条　规范经营，严格自律，建立和完善内部管理制度和风险控制制度。
　　第四条　诚实信用、勤勉尽责，以专业经营方式管理或保管基金资产。
　　第五条　与中国证监会和其他监管机构积极配合、通力合作，促进基金监管工作的顺利开展。
　　第六条　加强基金从业人员培养和管理，提高基金从业人员业务素质和职业道德水平。
　　第七条　加强与境外基金管理公司、托管银行以及境内成员的交流和沟通，提高基金管理水平和托管水平。
　　第八条　依法披露基金信息，确保披露的基金信息真实、准确、完整。
　　第九条　加强基金的宣传及投资者教育，共同培育投资基金市场。
　　第十条　借导团结协作，互相促进，共同发展，自觉维护基金业的良好形象和基金市场的公平竞争秩序，禁止下列行为：
　　1. 操纵市场，扰乱市场秩序；
　　2. 从事内幕交易；
　　3. 从事违反、有损投资人利益的关联交易；
　　4. 进行发布虚假广告宣传；
　　5. 违规向他人提供基金未公开披露的信息；
　　6. 贬损同行，以抬高自己；
　　7. 以不正当手段谋求业务发展；
　　8. 从业人员为自己或他人买卖股票；
　　9. 其他有损基金形象的行为。

南方基金管理有限公司	中国工商银行
国泰基金管理有限公司	中国银行
华夏基金管理有限公司	中国农业银行
华安基金管理有限公司	中国建设银行
博时基金管理有限公司	交通银行
鹏华基金管理有限公司	
嘉实基金管理有限公司	
富国基金管理有限公司	交通银行
大成基金管理有限公司	交通银行
长盛基金管理有限公司	交通银行

一九九九年十二月二十九日

· 146 ·

· 147 ·

↑ 1999 年 12 月 30 日，为促进证券投资基金业的健康、稳定发展，加强证券投资基金的行业自律，经 10 家基金管理公司和 5 家商业银行托管部共同商定，订立了《证券投资基金行业公约》。

↑ 2003 年 10 月 28 日，第十届全国人民代表大会常务委员会第五次会议通过《中华人民共和国证券投资基金法》。

→ 2000 年 6 月，基金法起草小组在宁波召开起草工作会议，提交讨论基金法草案修改稿，2002 年 8 月，全国人大财经委员会向全国人大常委会提交了基金法草案一审稿。

← 2004 年 6 月 1 日，《证券投资基金法》正式实施。

↑ 2004 年 6 月 1 日，由上海市证券同业公会和上海证券报社共同举办的"实施《证券投资基金法》专题报告会"在上海召开。

↑ 2010 年 3 月 18 日，中国证监会在浙江召开《证券投资基金法》修改研讨会。

←↑ 2012 年 12 月 28 日，第十一届全国人民代表大会常务委员会第三十次会议通过了修订的《中华人民共和国证券投资基金法》。自 2013 年 6 月 1 日起施行。

←↓ 媒体报道新基金法出台。

↑ 2003 年 9 月 13 日，"证券投资基金业发展座谈会暨第 26 次联席会"在珠海召开。

↑ 2005 年 6 月 5 日，第 29 次基金业联席会在北京召开。

↑ 2006 年 11 月 24 日，第 31 次基金业联席会议在北京召开。

↑ 2002 年 6 月 5 日，富国基金管理公司在北京举行"诚信宣言"新闻发布会，并进行宣誓仪式。

↑ 2005 年 11 月 4 日，境内基金业首个基金投资理事会——南方高增长基金第一届投资理事会在深圳正式召开。

↑ 2006 年 7 月 27 日，基金业自律管理工作汇报会在北京召开。

← 2004 年 11 月 24 日，东吴基金管理公司与《上海证券报》联合发起"我们需要怎样的投资理念"专题研讨会。

← 2008 年 9 月 22 日，中国证券业协会基金托管专业委员会、基金销售专业委员会正式成立，并分别在北京召开第一次会议。图为基金销售专业委员会第一届第一次会议现场。

→ 2009 年 3 月 12 日，中国银
行业托管专业委员会成立。

← 2009 年 7 月 29 日，由中国证
监会主办的"2009 年基金销售现
场检查及相关业务培训会议"在
西宁举行。

→ 2009 年 12 月 4 日，广发基
金管理公司召开证券期货普法宣
传活动。

↑ 2010 年 3 月 26 日，中国银行业协会托管业务专业委员会 2010 年第一次全体会议在北京召开。

→ 2010 年 4 月 1 日，中国证券业协会基金评价业务专家评估会在北京举行。

← 2010 年 12 月 21 日，泰信基金举办"杜绝内幕信息"活动。

↑ 2010年11月18日，上海市基金同业公会召开成立大会，同时召开了第一次全体会员大会。

↑ 2011年4月21日，中国证监会在无锡举办第33次基金业联席会暨高管培训班。

↑ 2011 年 11 月 24 日，富安达基金管理有限公司党支部开展反腐倡廉专题警示教育活动。

↑ 2012 年 3 月 28 日，上海市基金同业公会召开上海地区基金公司第三次总经理沙龙。

↑ 2012 年 6 月 6 日，中国证券投资基金业协会第一次会员大会主席团会议和第一届监事会第一次会议在北京召开。
60 多位会员代表选举了大会理事、会长、副会长等行政职务。

↑ 2012 年 6 月 7 日，中国证券投资基金业协会在北京成立，并举行第一次会员大会。

↑ 2012 年 10 月 26 日，中国证监会上海监管局举办上海基金业群星计划第五期培训班。

光辉 未来 篇

Glorious Future

　　2013年6月1日，新修订的《证券投资基金法》正式颁布实施，中国基金业迎来新一轮发展机遇期。在"加强监管，放松管制"的监管思路下，中国基金业的市场化程度必将大大提高，制度建设日益完善，公募基金牌照面向券商资管、保险资管、期货资管、私募等机构全面放开。

　　在泛资产管理新时代，我们有理由相信，经历了前一个15年的稳步发展之后，中国基金业也必将迎来更加辉煌的未来。

▶ **领导关怀**

→ 2003 年 4 月 3 日，中共中央政治局委员、北京市委书记刘淇同志视察华夏基金管理公司。

↑ 2007 年 3 月 14 日，上海市金融工委书记潘志纯、副主任葛大维在华安基金管理公司调研。

→ 2006 年 3 月，中国证监会前主席周正庆为长盛基金管理公司成立 5 周年题词。

诚信 勤勉 创长盛一流品牌
规范 创新 促基金行业发展

长盛基金五周年志庆

周正庆 二〇〇六年 三月

↑ 2008 年 1 月 25 日，光大集团董事长唐双宁视察光大保德信基金公司。

↑ 2009 年 5 月 27 日，江苏省副省长赵克志视察南方基金管理公司。

↑ 2010 年 10 月 29 日，中国证监会副主席姚刚一行到南方基金管理公司视察工作。

↑ 2011 年 5 月 18 日，施罗德集团董事到交银施罗德基金管理公司访问。

→ 2011 年 9 月 19 日，民生银行董文标行长参观民生加银基金管理北京办公区。

← 2012 年 3 月 28 日，中国证监会副主席姚刚、基金监管部主任王林、上海证监局局长张宁访问华安基金管理公司。

→ 2012 年 5 月 31 日，上海证券交易所理事长桂敏杰到访南方基金管理公司。

→ 2012 年 7 月 13 日，中国证券投资基金业协会副会长范勇宏到长安基金管理公司调研。

← 2012 年 7 月 6 日，中国建设银行董事长王洪章视察建信基金管理公司。图中前排（左一）为中国建设银行董事长王洪章。

→ 2013 年 3 月 13 日，上海市浦东新区副区长走访万家基金管理公司。

▶ 企业文化

↑ 南方基金管理公司足球赛活动现场。

→ 博时基金管理公司员工拓展培训。

← 富国基金管理公司在东方杯足球赛中夺冠。

↑ 银华基金管理公司集体出游及公司趣味活动。

→ 国投瑞银基金管理公司参加深圳市第一届马拉松接力赛。

← 银河基金管理公司代表队参加上海证券交易所运动会。

↑万家基金管理公司举办篮球比赛。

↑泰信基金管理公司拓展培训活动现场。

↑广发基金管理有限公司延安党员教育活动。

↑民生加银基金管理公司党支部活动。

↑富安达基金公司党总支赴南湖开展"迎七一"系列活动。

基金数字

Statistics

基金数字
Statistics

基金市场地区分布图

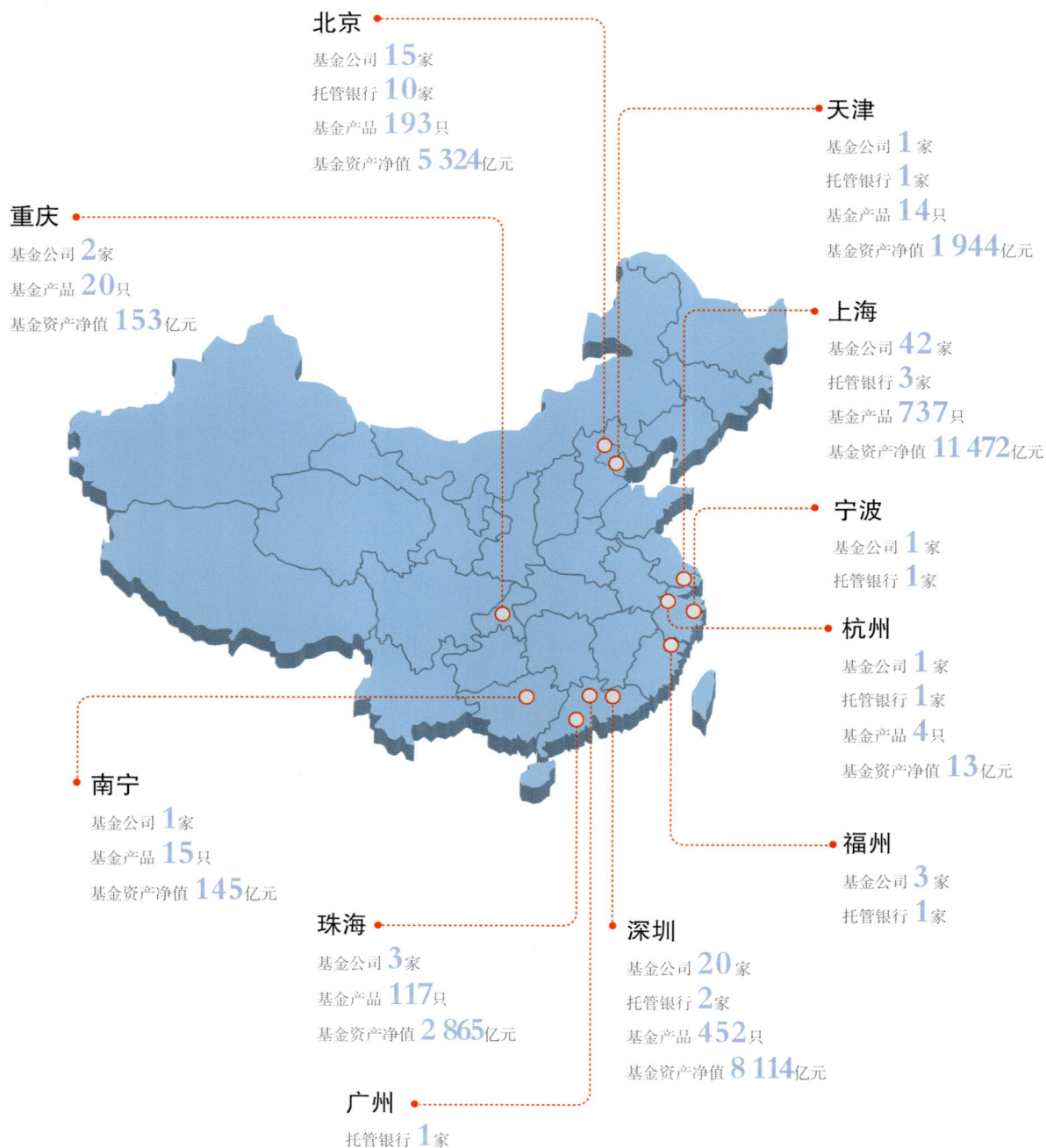

北京
基金公司 **15** 家
托管银行 **10** 家
基金产品 **193** 只
基金资产净值 **5 324** 亿元

重庆
基金公司 **2** 家
基金产品 **20** 只
基金资产净值 **153** 亿元

天津
基金公司 **1** 家
托管银行 **1** 家
基金产品 **14** 只
基金资产净值 **1 944** 亿元

上海
基金公司 **42** 家
托管银行 **3** 家
基金产品 **737** 只
基金资产净值 **11 472** 亿元

宁波
基金公司 **1** 家
托管银行 **1** 家

杭州
基金公司 **1** 家
托管银行 **1** 家
基金产品 **4** 只
基金资产净值 **13** 亿元

福州
基金公司 **3** 家
托管银行 **1** 家

南宁
基金公司 **1** 家
基金产品 **15** 只
基金资产净值 **145** 亿元

珠海
基金公司 **3** 家
基金产品 **117** 只
基金资产净值 **2 865** 亿元

深圳
基金公司 **20** 家
托管银行 **2** 家
基金产品 **452** 只
基金资产净值 **8 114** 亿元

广州
托管银行 **1** 家

注：以上数据截至2013年12月31日。

行业机构构成

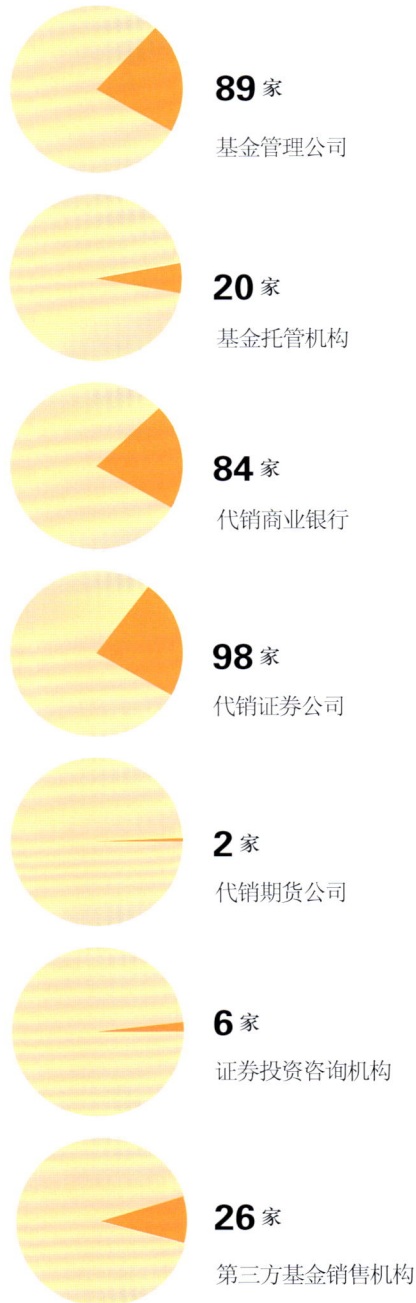

89家
基金管理公司

20家
基金托管机构

84家
代销商业银行

98家
代销证券公司

2家
代销期货公司

6家
证券投资咨询机构

26家
第三方基金销售机构

325家

截至 2013 年 12 月 31 日，我国证券投资
基金行业参与机构达到 325 家。

基金数量构成

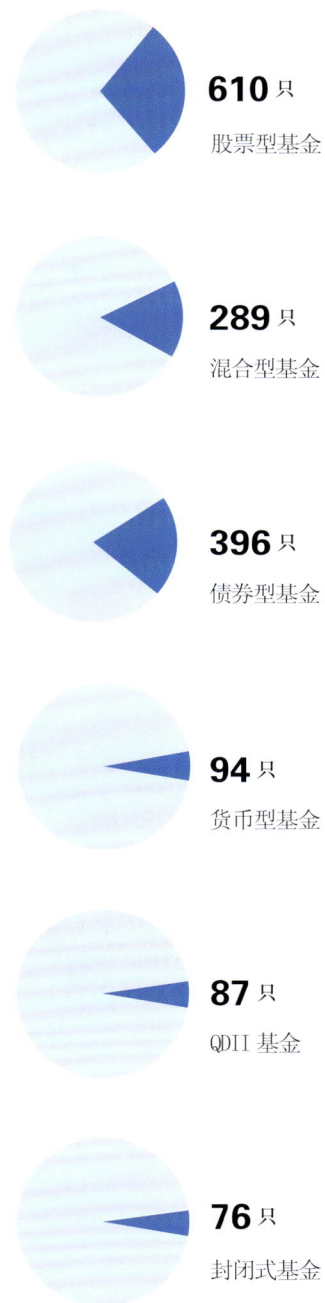

610只
股票型基金

289只
混合型基金

396只
债券型基金

94只
货币型基金

87只
QDII 基金

76只
封闭式基金

1 552只

截至 2013 年 12 月 31 日，我国证券投资
基金数量达到 1 552 只。

我国基金行业资产净值和份额规模历史变迁

年份	基金数量(只)	基金资产净值(亿元)	基金份额规模(亿份)
1998	5	107.42	100.00
1999	22	574.60	505.00
2000	33	845.62	560.00
2001	49	814.06	801.26
2002	71	1 185.58	1 310.30
2003	110	1 699.19	1 614.66
2004	161	3 246.29	3 308.72
2005	218	4 691.16	4 714.92
2006	307	8 564.61	6 220.70
2007	345	32 761.74	22 336.03
2010	703	25 194.49	24 227.23
2009	556	26 760.80	24 534.94
2008	438	19 388.54	25 740.31
2011	914	21 918.40	26 509.93
2012	1 174	28 667.31	31 709.92
2013	1 552	30 024.24	31 180.80

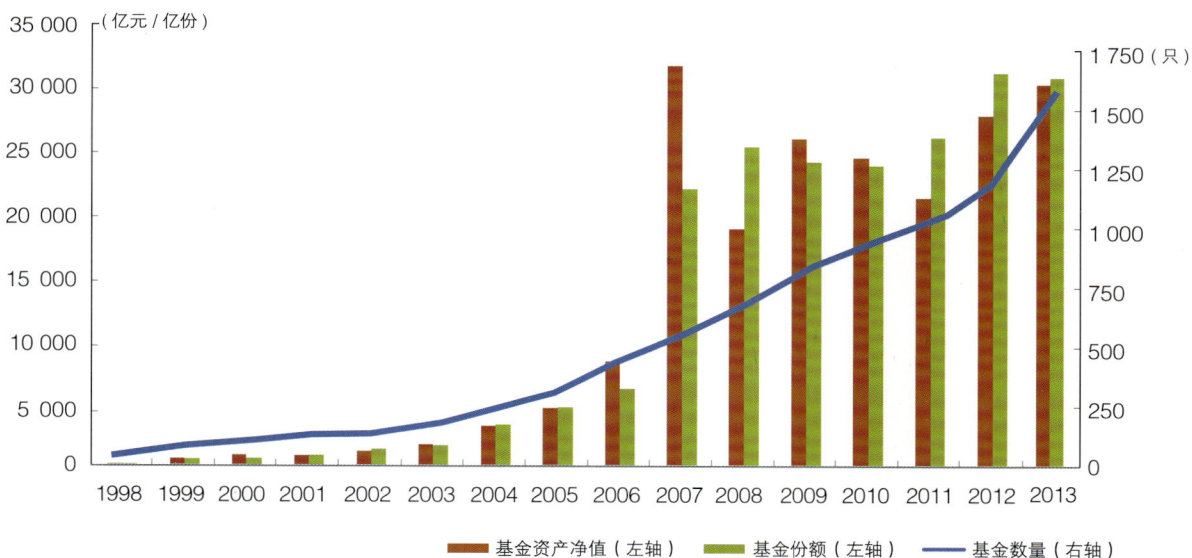

基金资产净值（左轴）　基金份额（左轴）　基金数量（右轴）

资料来源：中国银河证券基金研究中心
截至 2013 年 12 月 31 日

各类型基金年度业绩统计 (1998 ~ 2013 年)

单位：%

基金类型	1998 年	1999 年	2000 年	2001 年	2002 年	2003 年	2004 年	2005 年
股票型基金	—	—	—	—	—	20.93	−1.43	2.01
混合型基金	—	—	—	—	−7.13	17.22	0.33	3.98
债券型基金	—	—	—	—	—	—	−2.17	9.41
货币市场基金	—	—	—	—	—	—	—	2.43
QDII 基金	—	—	—	—	—	—	—	—
封闭式股票基金	—	38.51	47.90	−14.46	−11.12	20.64	−2.97	3.66
封闭式债券基金	—	—	—	—	—	—	—	—

基金类型	2006 年	2007 年	2008 年	2009 年	2010 年	2011 年	2012 年	2013 年
股票型基金	127.21	131.82	−52.88	73.02	0.59	−24.22	5.82	10.39
混合型基金	102.24	111.11	−45.13	57.04	4.64	−20.92	3.88	11.87
债券型基金	14.24	18.06	6.70	4.94	7.12	−3.06	7.00	0.57
货币市场基金	1.89	3.34	3.53	1.44	1.83	3.55	4.01	3.95
QDII 基金	—	—	−43.35	57.48	3.58	−20.87	10.56	4.91
封闭式股票基金	106.49	118.10	−46.93	66.63	3.49	−22.46	2.40	9.52
封闭式债券基金	—	—	—	—	16.27	0.47	12.40	1.25

股票型基金与指数收益率历史对比

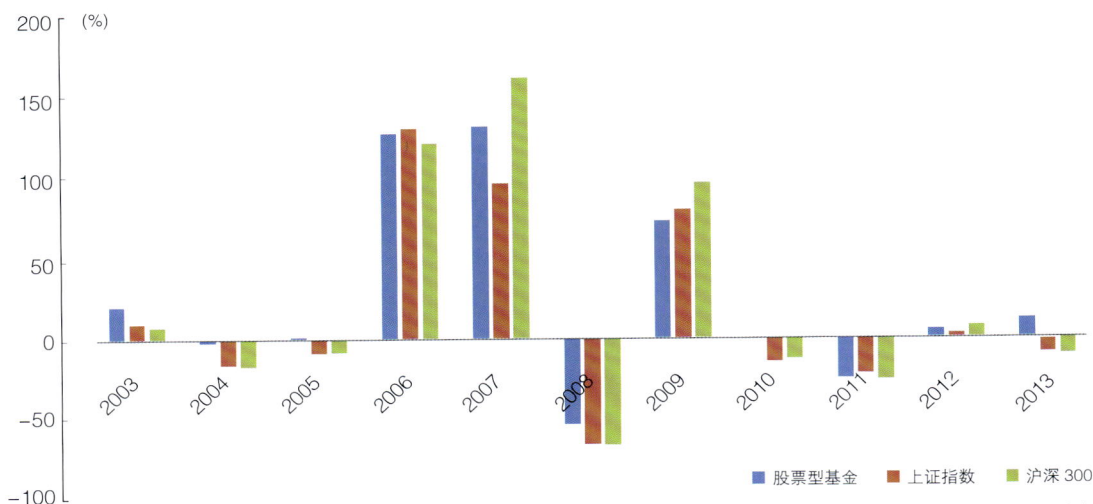

资料来源：中国银河证券基金研究中心
截至 2013 年 12 月 31 日

混合型基金与指数收益率历史对比

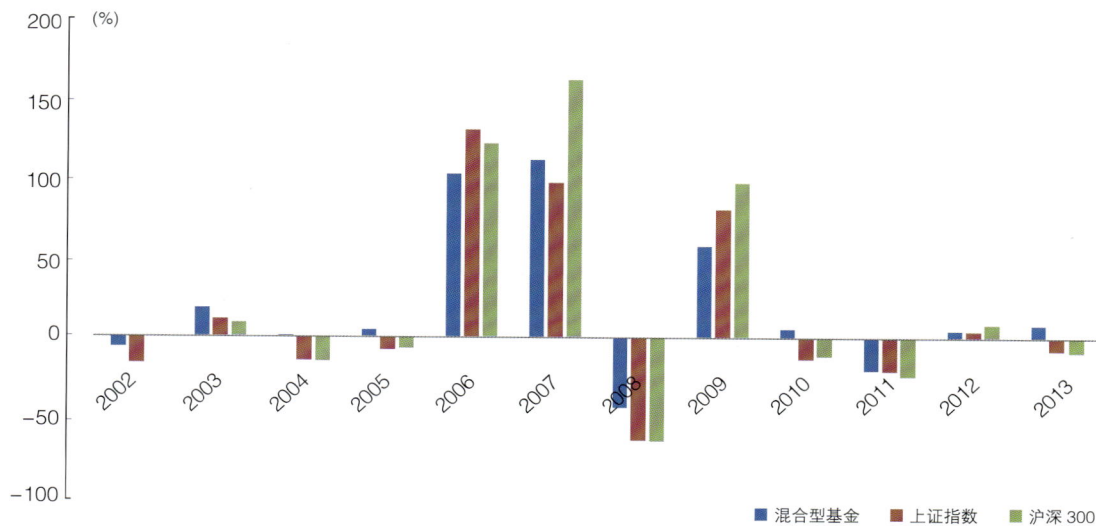

资料来源：中国银河证券基金研究中心
截至 2013 年 12 月 31 日

债券型基金历史收益率

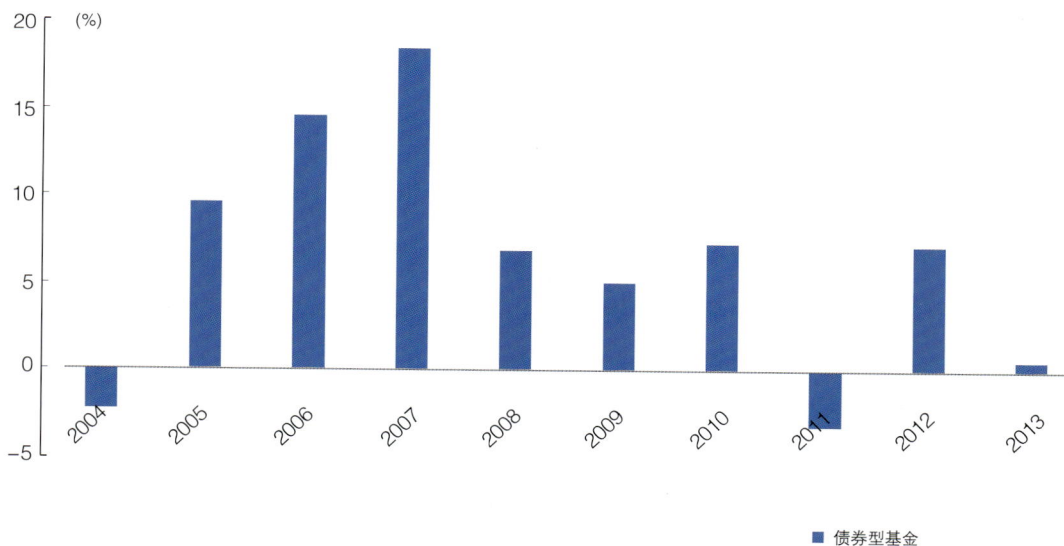

资料来源：中国银河证券基金研究中心
截至 2013 年 12 月 31 日

货币市场基金历史收益率

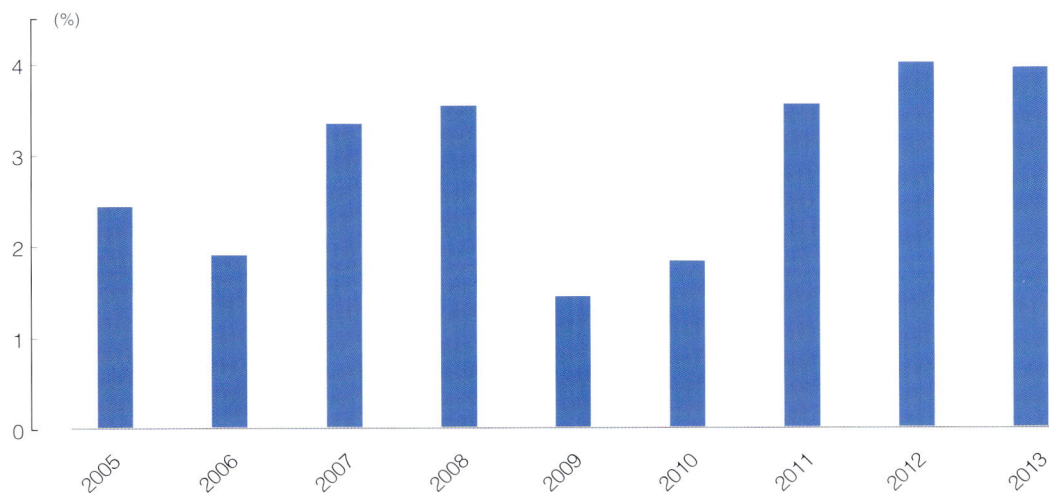

■ 货币市场基金

资料来源：中国银河证券基金研究中心
截至 2013 年 12 月 31 日

QDII 基金与指数收益率历史对比

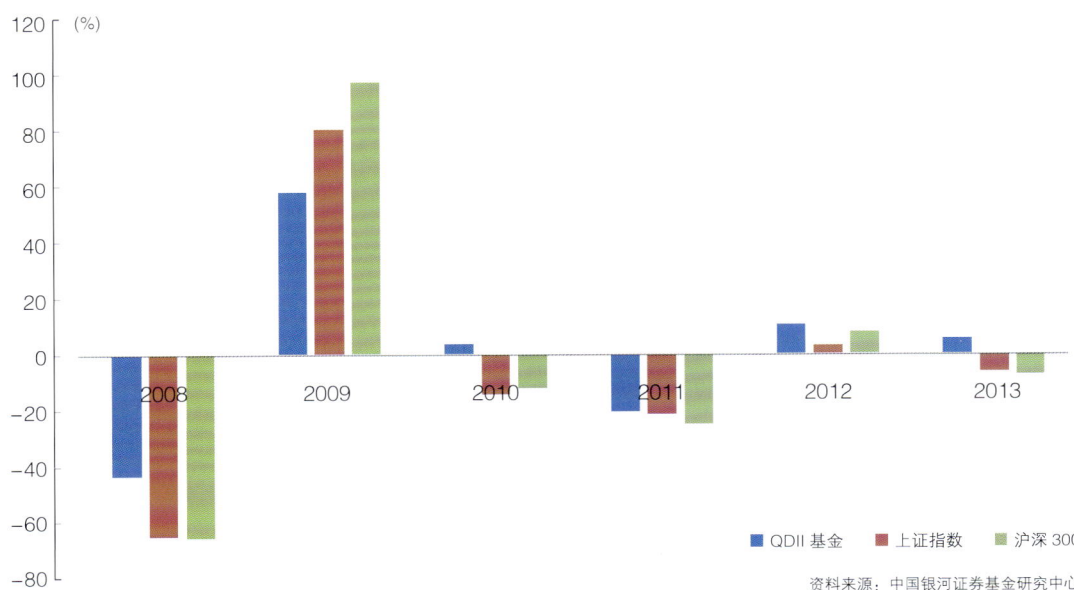

■ QDII 基金　■ 上证指数　■ 沪深 300

资料来源：中国银河证券基金研究中心
截至 2013 年 12 月 31 日

封闭式股票基金与指数收益率历史对比

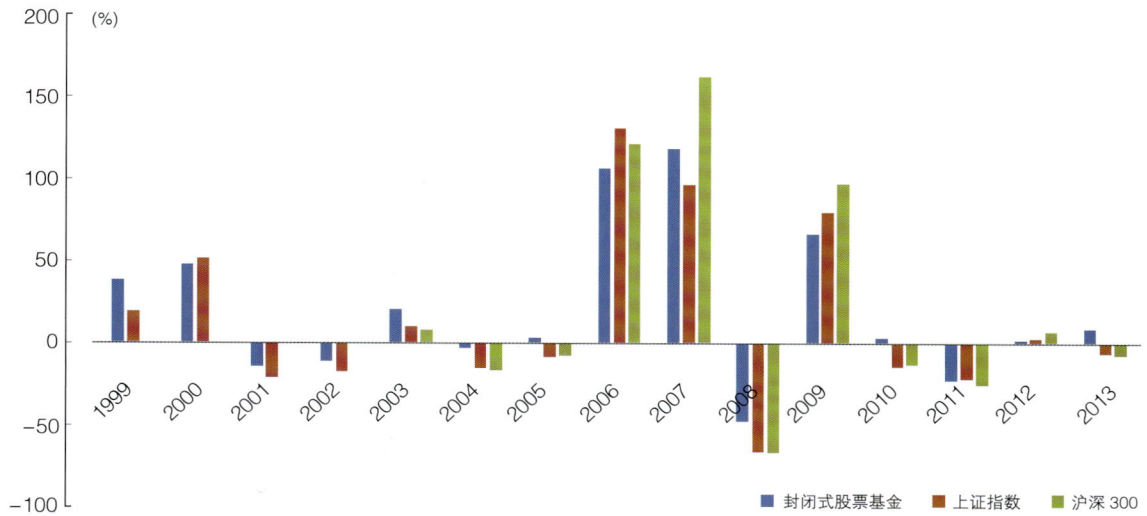

资料来源：中国银河证券基金研究中心
截至 2013 年 12 月 31 日

封闭式债券基金历史收益率

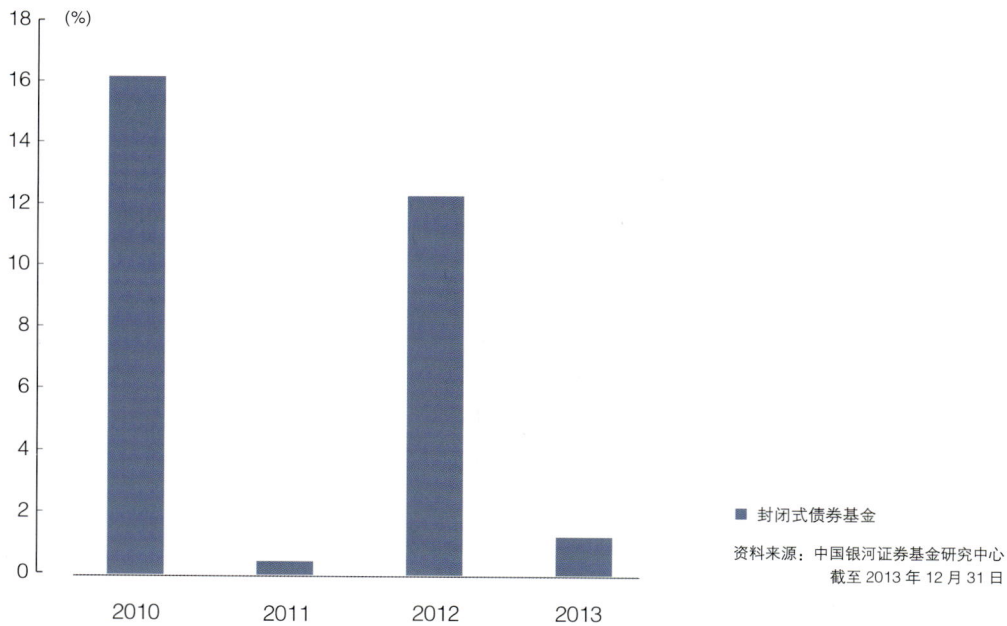

资料来源：中国银河证券基金研究中心
截至 2013 年 12 月 31 日

基金历年利润与分红 (1998～2012 年)

年份	年末基金数量（只）	基金经营业绩（亿元）	基金分红金额（亿元）
1998	5	7.42	—
1999	22	65.46	3.28
2000	33	269.22	52.76
2001	49	−108.07	164.75
2002	71	−110.26	28.51
2003	110	235.48	18.51
2004	161	−67.63	77.9
2005	218	118.12	76.37
2006	307	2 839.35	326.81
2007	345	10 970.29	3 041.17
2008	438	−14 935.16	1 740.67
2009	556	9 098.09	507.82
2010	703	50.57	1 152.41
2011	914	−5 004.26	640.74
2012	1 174	1 264.79	463.37

基金行业历年经营业绩与分红金额

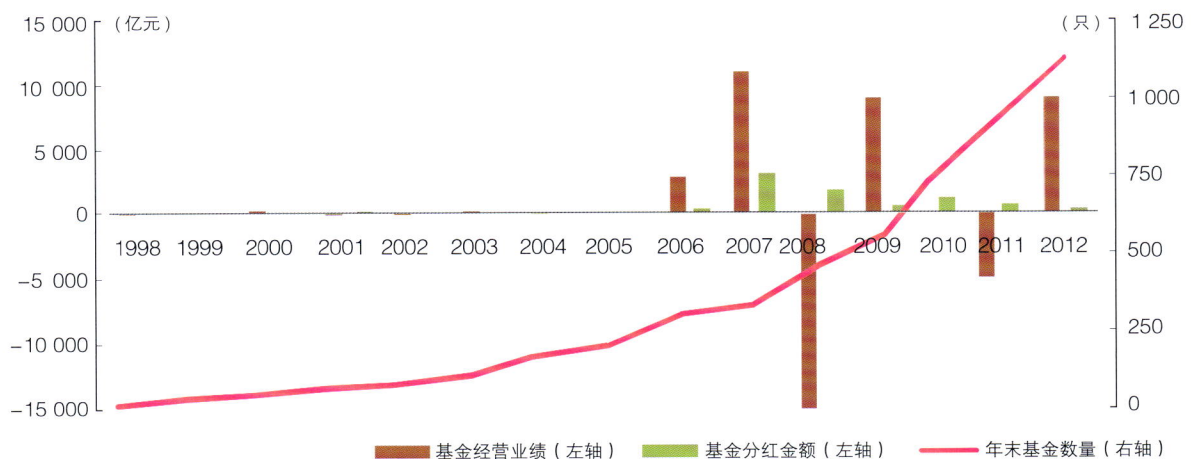

资料来源：中国银河证券基金研究中心
截至 2012 年 12 月 31 日

致　谢

《中国基金业发展掠影（1998~2013）》出版工作得到以下单位的大力支持，在此表示诚挚感谢！

国泰基金管理有限公司	国联安基金管理有限公司	建信基金管理有限责任公司
南方基金管理有限公司	海富通基金管理有限公司	信诚基金管理有限公司
华夏基金管理有限公司	长信基金管理有限责任公司	汇丰晋信基金管理有限公司
华安基金管理有限公司	泰信基金管理有限公司	信达澳银基金管理有限公司
银华基金管理有限公司	天治基金管理有限公司	诺德基金管理有限公司
易方达基金管理有限公司	景顺长城基金管理有限公司	浦银安盛基金管理有限公司
广发基金管理有限公司	兴业全球基金管理有限公司	农银汇理基金管理有限公司
招商基金管理有限公司	诺安基金管理有限公司	民生加银基金管理有限公司
博时基金管理有限公司	申万菱信基金管理有限公司	浙商基金管理有限公司
鹏华基金管理有限公司	中海基金管理有限公司	平安大华基金管理有限公司
长盛基金管理有限公司	华富基金管理有限公司	富安达基金管理有限公司
嘉实基金管理有限公司	上投摩根基金管理有限公司	财通基金管理有限公司
富国基金管理有限公司	光大保德信基金管理有限公司	方正富邦基金管理有限公司
宝盈基金管理有限公司	东方基金管理有限责任公司	长安基金管理有限公司
融通基金管理有限公司	中银基金管理有限公司	国金通用基金管理有限公司
泰达宏利基金管理有限公司	东吴基金管理有限公司	安信基金管理有限责任公司
国投瑞银基金管理有限公司	天弘基金管理有限公司	德邦基金管理有限公司
银河基金管理有限公司	国海富兰克林基金管理有限公司	红塔红土基金管理有限公司
万家基金管理有限公司	华泰柏瑞基金管理有限公司	华润元大基金管理有限公司
华宝兴业基金管理有限公司	汇添富基金管理有限公司	兴业基金管理有限公司
摩根士丹利华鑫基金管理有限公司	工银瑞信基金管理有限公司	道富基金管理有限公司
	交银施罗德基金管理有限公司	中信建投基金管理有限公司

中国工商银行　　中国农业银行　　中国银行　　中国建设银行　　交通银行
中国民生银行　　兴业银行　　平安银行

（以上排名不分先后）

中国证券投资基金年鉴编委会